中外文稀有版本文献

《工资、价格和利润》

③

价值价格及利润

【德】卡尔·马克思◎著
李　季◎译

中央编译出版社
CCTP Central Compilation & Translation Press

《工资、价格和利润》的出版与传播

（代序）

一　国外主要版本和传播情况

《工资、价格和利润》最初是马克思于1865年6月20日和27日在国际工人协会中央委员会会议上用英语作的报告。目前保存下来的报告稿是马克思的手稿，没有标题，开头写有："1865年6月20日星期二向中央委员会宣读"，全文由作者分为十四节。1898年，报告由马克思的女儿爱琳娜·马克思-艾威林以《工资、价格和利润》为标题在伦敦发表，并附有爱琳娜的丈夫爱德华·艾威林写的序言。在序言中，他将这部著作称为《资本论》第1卷的浓缩版，并且当时该文的德文版翻译已经完成。其中，引言和前六节在手稿中没有标题，出版时所用的标题是由爱琳娜加上的。

自1859年马克思的第一部经济学研究著作《政治经济学批判》发表以来，马克思虽然潜心进行经济学研究多年，写下了大量的经济学研究手稿，其中包括《1857—1858年经济学手稿》《1863—1864年经济学手稿》等大量内容丰富的经济学研究成果，并且持续进行《资本论》的创作，但是在1859年之后，马克思并没有公开发表其经济学研究成果。而且即使在演讲之后，为了避免与即将出版的《资本论》重复，虽然有人建议马克思发表演讲稿，但在马克思有生之年并没有发表这篇讲稿。所以，1865年的演讲，马克思公开地、简明地宣讲自己的经济学研究成果，是公众得以一窥马克思经济学思想的一个难得机会。《工资、价格和利润》的首次发表是在马克思去世之后，也是在《资本论》第1卷出版之后，但是这篇报告的发表，一方面让读者，特别是普通百姓通过通俗易懂的形式了解马克思的经济学思想，具有大众传播的意义；另一方面，这篇演讲稿是马克思经济学研究进程中的一个过程，还没有达到《资本论》的成熟程度，马克思的经济学思想还在进步中，所以这篇演讲稿也是理解马克思经济学思想形成史的一个活的里程碑，通过对比研究，可以发现马克思经济学思想的进展路径，具有重要的学术意义。此后，《工资、价格和利润》德文版、法文版、俄文版等相继问世，极大地推动了该著作在世界各地的出版和传播。

二　国内主要版本及其传播情况

《工资、价格和利润》这部著作是马克思于1865年6月直接针对国际会员韦斯顿的错误观点在国际工人协会总委员会会议上用英文作的报告，是马克思的重要政治经济学著作之一。马克思在这部著作里扼要而通俗地叙述了他的经济学说的原理，揭示了剩余价值的实质。马克思的这部著作很早就传入中国，出现多个译本，反复再版。

（一）单行本译本

1. 1922年上海商务印书馆出版了由李季译、陶孟和校的该著作的中译本，书名为《价值、价格和利润》，是这部著作第一次在中国发行单行本全译本，为当时先进的中国人学习和研究马克思主义政治经济学提供了最早的资料。

2. 1929年上海泰东书局出版了朱应祺、朱应会的中译本，书名为《工资价格及利润》，定价五角。该书采用竖版繁体字印刷。在书前的“译者小引”中，译者写道：“本书是马克斯一八六五年六月二十六日在国际劳动总务委员会席上的一篇演说文章。当时马氏不过五十岁，距今约六十余年，两年后，即一八六七年《资本论》第1卷也已出版，所以他的经济学体系那时已就成熟了。这书原稿是英文的，是马克斯死后所发现的遗稿，不是他生前出版的。编订分节都是马克斯的幼女伊利诺（Elernor Marx Aveling）及他的女婿爱底瓦得（Edward Aveling）两人的功夫。英文原本标题为《价值价格及利润》（*Value Price and Profit*）。德文本子是本斯泰因（Bernstein）所翻译的，标题为 *Lohn Preis und Profit*，本丛书现依德国译本翻译，因此，就题为《工资价格及利润》。说到本书的内容，总可算是马克斯经济学的骨子，又可说是《资本论》的缩略。页数虽少，而《资本论》上的重要问题大概都已涉及。尤其《资本论》第1卷与第3卷的主要部分，更简明地叙述出来。又剩余价值学说史上所讨论的许多问题也于本书的第八章及第十一章中，明白解释。所以研究马克斯经济学的人不可不读《资本论》，而研究《资本论》的人不可不先把这本小册子反复熟读，所以我们把它译出，作为马克斯研究丛书的第四种。”[①] 这里提到的《马克斯研究丛书》指20世纪30年代泰东书局出版的一套马克思研究学术的著作，其中包括《马克斯的经济概念》《马克斯的民族、社会及国家概念》《马克思的伦理概念》《马克斯的工资劳动与资本》和《马克斯的国家发展过程》等书，较早地向中国介绍和传播了马克思的著作和思想。

朱应祺翻译的《工资价格及利润》于1949年由世界文化出版社再版。

3. 王学文、何锡麟译本，系根据英文本译出，书名为《价值、价格和利润》，全书44000字。该译本最早收于1939年出版的《政治经济学论丛》一书中，单行本最早于1946年由生活书店出版，新中国成立后的第一版1950年2月由三联书店（上海）出版，1953年12月由人民出版社仍以三联书店名义出版（平装，0.22元）。该版本多次再版重印，各版之间有细微差别。

① 马克斯：《工资价格及利润》，朱应祺、朱应会译，上海：上海泰东图书局出版1929年版，第1页。

4. 中央编译局翻译的单行本。由中央编译局翻译、人民出版社出版的单行本《工资、价格和利润》是按照《马克思恩格斯全集》中文版第16卷中所载译文排印的，后有注释20条（一版4次后改为19条），全书共四万三千字。本书初版于1964年4月，第1—3次印刷（平装，0.19元）时均未署译者名。1965年1月另出精装本（0.68元）。1971年11月第一版第4次印刷时开始署名，至1975年10月为第一版第7次印刷（平装，0.17元）。另外，本书于1964年6月及1971年12月曾两次出版过16开大字本。

（二）被收录著作集

1.《马克思恩格斯全集》第一版第16卷第111页至169页，收录了《工资、价格和利润》。该版《工资、价格和利润》从俄文翻译过来，题页注明“原文是英文，俄文是按手稿译的”。主要是根据《马克思恩格斯全集》俄文版第二版第16卷（1960年出版）翻译和校订的，并参考了《马克思恩格斯文选》（两卷集）中文版的有关译文。在这一篇的题注中标明：“这部著作是卡·马克思于1865年6月20日在总委员会会议上用英语作的报告。这篇报告是由委员会委员约翰·韦斯顿5月2日和23日的发言引起的；韦斯顿在发言中企图证明，货币工资水平的普遍提高对工人没有好处，并由此做出工会‘有害’的结论。保存下来的报告稿是马克思的手稿。报告由马克思的女儿爱琳娜以‘价值、价格和利润’（*Value, Price and Profit*）为题于1898年首次在伦敦发表，并附有E.艾威林写的序。手稿中引言和前6节没有标题，由艾威林加上了标题。在收入本卷时，除了总标题以外，这些小标题都保留下来了。”①

2.《马克思恩格斯全集》第二版第21卷第155页至212页收录了《工资、价格和利润》。这一中文版本根据《马克思恩格斯全集》1992

① 《马克思恩格斯全集》第16卷，北京：人民出版社1964年版，第733页。

年历史考证版第一部分第20卷进行翻译，原文是英文，于1898年以小册子形式在伦敦出版。在题注中标明：“这是马克思于1865年6月20和27日在国际工人协会中央委员会会议上用英文作的报告。中央委员会委员约·韦斯顿在5月2和23日的发言中企图证明，货币工资水平的普遍提高对工人没有好处，并由此做出工会‘有害’的结论。马克思遂于1865年5月20日—6月24日写成这篇报告，报告中不仅揭穿了商品价格取决于工资水平这一虚假理论，而且阐明了马克思主义政治经济学的许多关键问题。保存下来的报告稿是马克思的手稿，没有标题，开头写着：‘1865年6月20日星期二向总委员会宣读’。全文由作者用阿拉伯数字分为十四节。这篇报告在马克思生前没有出版过。因为他担心发表这篇报告，会过早地挪用他当时正在紧张写作的《资本论》中的一些重要原理。1898年，报告由马克思的女儿爱琳娜以《价值、价格和利润》为题首次在伦敦发表，并附有爱·艾威林写的序。引言和前六节在手稿中是没有标题的，由艾威林加上了标题。在本卷中，除了总标题以外，这些小标题都保留下来了。这篇报告的德译文发表在1898年《新时代》第6年第2册，由伯恩斯坦翻译的德译文用的标题是《工资、价格和利润》。”①

3.《马克思恩格斯文集》第3卷第25页至78页收录了《工资、价格和利润》，这个版本是根据《马克思恩格斯全集》历史考证版第一部分第20卷并参考《马克思恩格斯全集》德文版第16卷翻译，原文于1898年以小册子的形式在伦敦出版。这一版本的题注内容更加丰富：“《工资、价格和利润》是马克思的一部重要的政治经济学论著。马克思在这部著作中扼要而通俗地阐述了《资本论》中一些重要原理，说明了剩余价值的形成过程和工资的实质，揭示了资本家对工人进行剥削的秘密。他指出，资本家的本质是追求最大限度的利润，工人阶级必须不断为提高工资和缩短工作日而斗争，才能对资本家的贪欲有所抑制，

① 《马克思恩格斯全集》第21卷，北京：人民出版社2003年版，第634页。

才能防止自己的地位不断恶化。在深刻论证工人阶级开展经济斗争的必要性和重要性的同时，马克思也指出了经济斗争的局限性，强调要把经济斗争和政治斗争结合起来。他指出，单纯的经济斗争反对的只是结果，而不是产生这种结果的原因，工人'应当摒弃做一天公平的工作，得一天公平的工资！这种保守的格言，要在自己的旗帜上写上革命的口号：消灭雇佣劳动制度！'。本文是马克思于1865年6月20日和27日在国际工人协会中央委员会会议上用英语作的报告。中央委员会约·韦斯顿在5月2日和23日的发言中企图证明，货币工资水平的普遍提高对工人没有好处。马克思于1865年5月20日—6月24日写成这篇报告稿，批驳了这个错误观点。目前保存下来的报告稿是马克思的手稿，没有标题，开头写有：'1865年6月20日星期二向中央委员会宣读。'全文由作者分为十四节。1898年，报告由马克思的女儿爱·马克思-艾威林以《价值、价格和利润》为标题在伦敦发表，并附有爱·艾威林写的序言。引言和前六节在手稿中没有标题，由艾威林加上了标题。本卷除总标题以外，保留了这些小标题。这篇报告的德译文发表在1897—1898年《新时代》第16年卷第2册，译者是爱·伯恩斯坦，采用的标题是《工资、价格和利润》。1922年上海商务印书馆出版了由李季译、陶孟和校的该著作的中译本，书名为《价值价格和利润》；1929年上海泰东书局出版了朱应祺、朱应会的中译本，书名为《工资、价格和利润》；1939年延安解放社出版的王学文、何锡麟、王石巍翻译的《政治经济学论丛》收有这篇著作的中译文。"①

（本文来自2017年中央编译出版社出版的史清竹所著《马克思〈工资、价格和利润〉研究读本》有关内容。）

① 《马克思恩格斯文集》第3卷，北京：人民出版社2009年版，第629页。

世界叢書

價值價格及利潤

馬克斯著
李季譯
陶孟和校閱

序言(一)

现在谈马克斯主义的人非常之多，相信马克斯主义的人——至少在智识界中——大概也不少。近几年来，国内的杂誌报纸对于马克斯的学说尝尽量的介绍研究。讨论马克斯的学说或他种社会主义差不多已经变为一种时髦的标誌。但是我恐怕真看见过——先不必说读过——马克斯的著作的不见得有几个人。出版界中几本关于马克斯的书籍都是他的党徒为他做评释或鼓吹的。

马克斯的著作是共产党的圣书，是正统的社会主义者的思想的源泉。我们要了解真的马克斯学说，须研究他自己的著作。马克斯派的人于辩护他的学说答复旁人的攻击的时候，也常说，世人对于马克斯学说的误解都是因为没有细心读他自己的著作，而只以旁人的註疏为根据。但是他的著作是不容易读的。除去十分热心的马克斯门徒和十分怀疑他的學說的人以外，很少有讀過他那卷帙浩繁的著作的。世上有許多著作是人人都知道的，但是很少有人讀過的。馬克斯的資本論就是這樣的一部書。價值，價格及利潤是馬克斯一篇演說，不是他的一篇有名的著作。但是他可以算爲馬克斯價值論的通俗的文章。阿衛靈的序文中說他是資本論第一册的一種撮要，誠然不錯。因爲資本論第一册所討論的是馬克斯經濟學的基礎。他的題目都是關於商品，貨幣，生產，贏餘價值（普通譯作剩除價值）價格，工錢，資本諸問題，本書內容也正是討論這些題目。最初研究馬克斯學說的人讀了這本小書頗可以略窺他的經濟學的幾個最重要的觀念。要了解馬克斯的共產主義，最先須了解他的經濟觀念，因爲他的關於資本的生產的理論是建設在他的經濟觀念上的。所以阿衛靈的序文中也稱他爲一本最好的馬克斯研究入門書。但是這本小書雖然很有價值，但是萬不能就用他去代資本論第一册。因爲資本論第一册是八百頁以上的大卷帙，（此指英譯本而言）而價值價格及利潤，不過是一百廿八頁的小册子。前者是學者的著述，後者是通俗的講演。前者徵引歷來經濟學者的議論搜求產業界各種的事實，用黑格爾式的論證法以證明他的理論。後者不過將他所設立的理論用普通的言語解釋一番罷了。至於馬克斯所取用的豐富的材料與其所顯示的博深的，議論還須取資本論原書讀之。

我在介紹價值價格與利潤於我國讀書界時，不得不將馬克斯最主要的經濟觀念，——即價值論及贏餘價值論——稍爲陳述，並加以批評。馬克斯研究人類的歷史曾發見了兩個重要的道理。一個是物質的要素，經濟的要素在人類歷史上占主要的位置，支配人羣的變化。這就是普通所謂經濟史觀。一個就是人類因爲經濟的狀況，產出階級相衝突的歷史。這就是普通所謂階級戰爭。他相信向來的階級戰爭都是由於經濟的原因，現在資本勞働兩階級的對抗，有產與無產兩階級的對抗，也就是由於資本家的剝削。他並且說明如何纔發生剝削。

要明白馬克斯所謂剝削，須以他的賸餘價值論為基礎，而他的賸餘價值論又以他的價值論為基礎。所以明白他的價值論是明白他的社會哲學必不可以少的條件。價值論不特是馬克斯學說中主要的部分並且還是基本的部分。我們現在簡略的將他的價值論敘述一番。

馬克斯的價值論在經濟學上簡稱為「勞働價值論。」他相信只有勞働可以產出價值，變言之，所有的價值都是勞働的產物。勞働不特是價值的根原與價值的標準，並且是價值的本質。這個勞働價值論并不是馬克斯首創的。以先亞當斯密與理嘉圖都發過與勞働價值論相同的議論，不過馬克斯將以先的理論，未加分析遽下結論罷了。既然承認勞働是價值的惟一的源泉，勞働者就應該獲得他的勞働的產物的全體而不能只得那產物的一部分。但是在現在資本制度之下，勞働者不能獲得他的產物的全體。因爲資本家剝削他，將他的生產的一部分奪去。

馬克斯如何證明這個理論呢？我們須先看他對於價值的分析。

他先分別爲自己消耗的生產物與商品兩種性質的不同。生產物是爲自己享用的，與社會無關。商品是可以交換的，發生社會的關係。但是商品的互相交換必然有相同之點或共同的性質。有了共同的性質纔可以使交換成立。那共同的性質就是勞働。因此一件商品的價值就是用那勞働的量去量計。那勞働的量再用努力的繼續時間去量計。

但是馬克斯所謂勞働並不是普通的意義。勞働不是個人的實際的努力，但是社會上所需要的勞働（本書第六章稱他爲「結晶的社會的勞働」）即在技巧，工具等常態的情形之下所需要的工作。所以一件商品的價值不能就按着那勞働時間的長短與努力的大小定出，要看他含有多少社會的勞働的實質。兩件商品含有同量的社會的勞働的實質的卽有相等的價值。

但是這社會的勞働如何量計呢？各種勞働都要用一種簡單的，平均的勞働做單位去計算，這個勞働力是普通的人都有的。有技巧的勞働按簡單的勞働單位幾倍計算。至於兩種勞働的比例則由一種社會的程序規定。社會中有若干的勞働力，都是同質的，各人用他的勞働力去製造各種商品。但是各種商品所需要的工作不能按普通的工作時間計算，要按那平均的勞働單位去計算。製造各種商品不得多過於「社會上所需要的勞働時間」如多過那個時間，那個工作就是耗費，不能產出價值。兩種商品有時需同樣長久時間的工作，但是價值卻不相同。據馬克斯說這就是因爲他們社會上所需要的勞働時間是不同的。懶人或笨人製造商品

時所費的工作時間雖長，但是那商品的價值也不必高，因爲他的工作多過社會上所需要的勞働時間。（參看本書第六第七兩章）

馬克斯的價值論現在已完全推倒，沒有人再相信了。馬克斯自己在資本論第三册上已修改他的見解。他的最知己的同志昂格爾都說那價值論不過分析資本時代以前的產業組織中的價值，不能解釋現在產業制度的事實。此外如考茨基，卡斯天也都說沒有替他的價值論辯護。考茨基說「馬克斯的價值論實在與社會主義毫不相干。……價值論不是社會主義的基礎，但是現在資本制度的經濟的基礎。」這個話是最奇怪的。要知道價值論是馬克斯的贏餘價值論的基礎。而馬克斯主義的目的就是要顯出社會主義是要從現在資本制度中蛻化出來的。假使價值論不能成立，那贏餘價值論也就推翻。假使價值論是只於現代資本制度的基礎，不是社會主義的基礎，那麽，社會主義的經濟的基礎又是什麽呢？馬克斯所推測的社會是不是因爲他研究了價值以後纔敢斷定那社會要從現代資本制度中演化出來的呢？

我們現在不能將所有對於馬克斯價值論的批評遍爲徵引。我們只指出他的兩個重要缺點：

一，馬克斯所謂『社會必需的』或『常態的』意義，極不明瞭。本來世界上無所謂『常態，』社會學者所謂常態的社會也不過是比較的。馬克斯有時以常態的或社會必需的爲平均的意思，有時爲最低的意思，有時爲最高的意思。即在其資本論一書中所用的意思已有分歧。

二，勞働不能造出價值，只能造出物品，或改變固有的物質成爲新的形式。物品不能含着價值。價值與物品不同，不是造出來的。價值不存在已造出的物品上，卻存在將來的應用上。馬克斯雖然承認物品與效用(Utility)的關係，但是他沒有注意價值與供求的關係。價值不是由勞働造出的。

但是勞働所造出的商品，接着將來供求的關係，纔可以產出價值。

贏餘價值論以價值論爲基礎。

馬克斯旣承認只有勞働造出價值，所以就否認其他要素可以造出價值。他承認勞働是惟一的生產者。

但是勞働力與他種商品相同，也是一種商品。

勞働力的價值是由所需要的勞働時而定。

工錢不過是代表勞働者生活上所需要的物質之資罷了。換言之，工人所得的工錢應該與他生活上所需以從事工作的物質之資相抵。

例如一個織布的每天做工六小時，織布半匹得工錢五角，他所得的那五角錢正可以養活他，使他每日做出那六小時的工作。

從此看來，勞働者所得的工錢應該與他所用的勞働力相抵，應該與他的生活之資相抵。

但是事實上勞働者所得的工錢不與他所用的勞働力相等，常少於他所用的勞働力，常不過是他勞働力的一部分。

所餘的一部分卽爲資本家

奪去。資本家按商品的眞價值賣出，他所得的價格與價值正相等。因爲勞働者不能得到那價格的全部，所以所餘的一部分贏餘價值，就爲資本所得。那就是資本家所得的利潤。資本家的目的是願意多得利潤的，所以他對待勞働者的手段總是以增加利潤爲本。

據馬克斯看來，我們所謂資本是不能生產的。他將資本分爲兩種：一種是永久的資本，即用在工具，原料，建築等等上的資本。此種資本不能產出價值，因爲他不過由所造的商品的一部分表現他的價值，他自己不能造出贏餘價值。一種是可變的資本，即用以養活勞働者的資本。可變的資本產出贏餘價值。普通的生產是兩種資本都不可少的，但是那永久的資本與贏餘價值無關係，因爲無論如何每次所造出的商品都有一部分的價值與那永久的資本相抵，此外不能產出贏餘。贏餘價值由贏餘價值與可變的資本兩者的比例決定。可變的資本多，贏餘價值就見少。反之可變的資本少，贏餘價值就加增。換言之，資本家所付給勞働者的工錢少，就可多獲贏餘價值。資本家的贏餘價值就是他所獲得的利潤。利潤的高低是由贏餘價值與兩種資本間的比例決定的。例如資本家所用的資本（兩種相併）爲八十元，而所得的利潤爲二十元，那利潤率就是當八分之二。這八分之二的利潤是從可變的資本中剝削來的，就是從勞働者身上剝削來的。

從此看來，資本家只有剝削勞働者纔可以獲得或增加利潤。他剝削勞働者的方法有許多種。他可以減少他的工資，可以增加他的工作時間，可以增加他工作的強度（Intensity），可以增加他工作的生產力。據馬克斯說，英國工業史上充滿了這一類的事例。

以上所說是馬克斯贏餘價值論的大意。他的價值論既然不能成立，那贏餘價值也當然不能成立。我們現在僅指出他的贏餘價值論的缺點供讀者的參攷。

一，生產要素不只是勞働一樣。近代產業不只是勞働者的成績，還是指揮者，監督者，發明者，企業者的成績。近代產業不特須有工場中之勞働，並且須有計劃，組織，指揮的勞働，馬克斯雖然承認一羣的工人共同做一種事業的成績與一羣的工人單獨的做同種事業的總成績不是一樣的，前者的成績是優於後者的，但是他卻忘記一羣的工人不能自動的做集合的生產事業的。他們當中必須有定計劃的，必須有集合各種生產要素的，必須有指揮生產程序的，必須有發售物品的。總之，工場之勞働者以外，必須有企業者，必須有職員，必須有監工。這些人所得的工資應該多少，是另外一個問題，但決不是贏餘價值。

二，馬克斯所謂永久的資本也是生產的要素。因為那資本也是勞働與時間兩種的成績。假使以先勞働的結果不能存留，完全消費，那麼，除了自然富源之外，世上就無所謂永久的資本。現在的永久的資本就是對於以先的勞働延緩享用，對於以先的勞働「一時的犧牲。」對於這種犧牲當然有一種酬報。至於這個報酬應該有多少，子孫應否享受他們父母犧牲所得的報酬，那另外是一個問題，但是永久的資本是不能沒有代價的。

馬克斯的社會觀如資本集中論階級戰爭論是以他的贏餘價值論爲基礎。而他的贏餘價值論又以價值論爲基礎。假使他的價值論不能成立，所有他的社會觀也就隨之傾倒。所有馬克斯的共產主義也就無理論的根據。假使他的價值論能夠成立，那實際的社會經濟狀況又不能與他相符。馬克斯的理論並沒有證明的，所有他的討論都是由假定演繹出來的。馬克斯資本論的第一册不過是黑格爾式的論證，並不是對於價值論的證明。所以批評者說馬克斯的論理不是證明，乃是轉圜的。

馬克斯的價值論在他的資本論第三册上已大加修改（他在第三册

上，所承認的價値的基礎，不是勞働，是生產費，）但是他最先發表的學說已爲一般徒衆所信仰。說者謂假使他的資本論第三册先出版，社會主義者也就不能張口就說「剝削」了。

近代社會主義者已看出馬克斯價値論的破綻。如上文所述，昂格爾，卞斯天，考茨基都不去辯護這個已經被推翻的理論，他們因爲要保存馬克斯的社會主義，所以聲言價値論並不是他的社會主義的基礎。但是這種聲明是無用的。馬克斯的共產主義誠然是由資本主義的破產推論出來的，但是他的資本集中論是完全以他的價値論及贏餘價値論爲基礎。房子是建設在基礎上的，我們不能只要房子而不要基礎。馬克斯的共產主義是建設在他的價値論上的，我們也不能只採取他的共產主義而將他的價値論一概拋去。

讀者諸君幸勿以上文對於馬克斯學說是爲現代資本主義做辯護。我們不能相信馬克斯主義，因爲他的基礎不正確。但是我們從旁的基礎上或者能推出與馬克斯主義相彷的理論也未可知。馬克斯一生勤勉的精神與對於勞働者的同情，都是使我們崇拜的。他所標榜的主義，他所想像的社會的前途，誠然使我們不滿意於現代社會的人心嚮往之。但是關於社會的理論我們必須考查那理論所建設的基礎。馬克斯主義宣傳的有力就是因爲普通的人沒有去研究那主義的基礎。勞働者一旦聽說他是被剝削的至少他的悲愁怨恨有所寄託。失望者一旦聽說得來有共產的社會至少他的憤懣有舒洩的境地。我相信馬克斯主義的勝利，不是因爲他的理論全與事實相符，（不是因爲他的理論是眞的，）但是因爲他的理論與人的心理相合。眞理不必是我們願意聽的，我們所願意聽的也不必是眞理。

現代社會的弊害種種是要改革的，要急速的改革，並且要根本的改革。但是那改革不能以馬克斯主義——或無論任何主義——爲根據，須以事實爲根據。

陶孟和 十一，六，五，北京

序言（二）

發表這篇文字的情形已經在本書的起首說明了。馬克斯在世的候，此文從沒有付印。自昂格斯死後，才在馬氏的論文中找出此文。這篇文字除具有馬克斯的許多特點外，尚表現兩個特點。這兩個點就是，（一）馬氏具一種堅忍的志願，要使他的意見顯明，能爲最不高的學者所了解，（二）他這些意見非常清晰。

就一部分的意義講起來，這本書是資本論第一卷的一種撮要。有些人曾努力去分析資本論的第一卷，使之愈加淺顯，然卻沒有很大的成一位詼諧的朋友和評註者已經表示過，現在所需的，就是由馬克斯將們對於他的著作之註釋，加上一種說明。

時常有人問我，一個學者要領略社會主義根本的原理所當閱的最的書籍是什麼。適是一個難答覆的問題。但是依提議的方法，一個人可以說，第一，就是昂格斯之烏託邦的和科學的社會主義 (Socialism Utopian and Scientific) 其次則爲本書。資本論第一卷，和學生的馬克斯 (The Students' Marx) 四部書。

我在預備本書付印的事務中所做的一小部分事，是檢閱原稿，於英文的語法略有幾種提議，將本書分成若干章，各冠以名稱，並且校正初稿。關於本書其他一切事務，以及事務中極重要的部分是由出名於本書題名 (Title page) 中的人擔任的【譯者按此人卽馬克斯之女馬克斯阿衞靈】

本書已經譯成德文了。

愛德華阿衞靈 (Edward Aveling)。

小引

公民諸君，在討論我的主題之先，望大家許我說幾句批評的話，作一個小引。

歐洲大陸現在有一種同盟罷工的眞正流行病和一種增加工錢的普通呼聲。這個問題將出現於我們的會議中。（此文提出於一八六五年九月所開的國際黨總會議中。）你們爲國際黨（總議會爲國際黨的執行部。）的首領，對於這個重要的問題應當有一定的信條。講到我一個人，我以爲我的義務是在詳細討論這件事體，就是冒着危險，使你們的忍耐性受嚴厲的試驗，也在所不惜。

還有幾句須預先申明的話是關於威斯頓（參預總會議的代表。）的。威氏知道有好些意見是極不爲工界所喜歡的，他不獨已經向你們提出這些意見，並且已經公然擁護這種意見，他以爲這是有益於工界的。這樣道德上的勇飾之表現，我們大家必須深致敬意的。我這篇文字的體裁雖沒有加以修飾，然我希望威氏於本篇的完結時，將覺得我對於他的論文下所含的觀念，表示同意。然就他的議論現在的形態講，我不能不視爲在理論上是虛僞的，在實行上是危險的。

我現在就進行討論本題。

價值價格及利潤目錄

價值價格及利潤

第一章　生產和工錢（Production and Wages）

威斯頓(Weston)的議論在實際上是基于兩個前提的：第一，國民生產的總額是一種有定的東西，好像一班數學家所說的一樣，是一種恆久不變的量或數；第二，直正工錢的總額——這就是說，以工錢能够購買商品的數量測定出來之工錢的總額——是一種有定的總額，就是一種恆久不變的量。

威氏第一種斷定顯然是錯誤的。你們每年可以看出生產的價值和數量增加，國民的勞働生產力增加，而進行這種增加的生產所必須之金錢的總額繼續變化不止。在一年的年終，和彼此相較不同的年歲中，是繼續變化，在一年中平均的每一天，也是不斷的變化的。國民生產的數量是繼續變化的。他不是一種恆久不變的數量，但是一種變化，不定的數量。就是不計人口的變遷，他必定還是變動的，因爲資。本。的。積。集。和勞。働。的。生。產。力。是繼續變化不止的。　如果通常的工錢率今天增加起來了，不論這種增價久遠的效力如何，而增價的自身不能卽。刻。使生產的總額發生變化，這完全是眞的。　第一，這種生產總額一定是按當時的情形措置的。　但是在工錢增加之前，如果國民的生產是變動的，不是固定的，那麼，在工錢增加之後，這種生產也將是繼續變動的，不是固定的。

現在假定國民生產的總額是恆久不變的，不是變化不止的。　就是在這種情形之中，我們的朋友威斯頓所認爲邏輯上一種結論的東西，一定仍是一種無理由的斷案。　如果我有一種已知之數，假定爲八，這個數目絕對的限度並不阻止他的各分子中相對的限度之變化。　如果利潤爲六，工錢爲二，工錢可以增加至六，利潤可以減少至二，而全數仍然是八。　照這樣看起來，有定的生產總額決不能證明有定的工錢總額。我們的朋友威斯頓怎樣證明這種定數呢？不過斷定這種定數，並沒有證明。

即令承認他的斷定，但是當他把這種斷定只向一方面推論的時候，這種斷定一定要妨及兩方面。如果工錢的總額是一種恆久不變的數目，那麽，他就不能增加，也就不能減少。如果工人竭力使工錢暫時的增加，工人的行爲就是很愚蠢的，如果資本家竭力使工錢暫時的低落，資本家的行爲，也是一樣愚蠢的。我們的朋友威斯頓並不否認工人在某幾種狀況中能促起工錢增加的事實，但是工錢的總額既是自然一定的，以後必定發生一種反動。在他方面，威氏又知道資本家能够力促使工錢下降，並且知道他們眞正繼續努力的這樣做。依照工錢固定不變的原則，在這種低落之後，應當和前面的例子一樣，發生一種反動。所以工人對於減少工錢的企圖或行爲，發生對抗之事，一定是一種正當的行爲。所以他們力促工錢的增加，一定也是一種正當的行爲，因爲每種對抗工錢下降的反動就是一種增加工錢的行動。依照威氏自己的工錢一定不變之原則，工人在某幾種狀況之下，應當聯合，從事於增加工錢的爭鬭。

如果威氏否認這種結論，他必須棄去這種結論所自出的前提。他不應該說，工錢的總額是一種恆久不變的數目，他應該說，工錢的總額雖不能够增加，並且必不可增加；無論何時資本家如果願意減少工錢的總額，這種工錢的總額能够下降，並且必定下降。如果資本家願意以番薯養你們而不以肉類養你們，如果他願意以燕麥(Oats)養你們，而不以小麥養你們，你們必須承認他的意志是一種經濟學的定律，你們並且必須屈服於這種定律之下。如果一國的工錢率高於別一國的工錢率，例如美國的工錢率高於英國的工錢率，你們必須以美國資本家和英國資本家的意志不同去解釋這種工錢率的不同，這種方法不獨一定使經濟現象的研究簡便，並且使其餘一切現象的研究簡便。

但是即令在這種情形之中，我們還可以問美國資本家的意志爲什麼不同於英國資本家的意志呢？你們答覆這種問題之時，必定要超出意志的範圍以外。或者有人說上帝願意法國是這樣，願意英國是那樣。如果我叫他來解釋這種意志的兩體的時候，他或將厚顏答道，上帝願意法國有一種意志，願意英國另有一種意志。但是我們的朋友威斯頓一定不能作這樣完全否定一切推理的爭辯。

資本家的意志一定是盡他的能力，獲取利益。我們所當做的事不是論及他的意志，但是考察他的勢力；他那種勢力的限度；和那些限度的性質。

第二章　生產工錢和利潤 (Production, Wages and Profits)

威斯頓向我們宣布的演說詞可以撮攏起來。

他的一切推理總括如下：如果工界強迫資本階級支付現金的工錢是五先令，不是四先令，資本家在商品上得回的就是四先令，不是五先令。在工錢增加之前，工界費四先令所買的東西，現在一定要支付五先令。為什麼有這種情形呢？資本家為什麼把四先令的價值只變成五個先令呢？因為工錢的總額是有定的。但是工錢的總額為什麼定為商品的四先令價值呢？他為什麼不定為三先令，二先令，或其他數目呢？如果工錢總額的限度是由一種經濟的定律決定的，他和資本家及工人的意願都無關係，那麼，威斯頓所當做的第一件事是陳述這種定律，並且證明這種定律。還有一層，威氏應當證明在每一個一定的時期中實行支付的工錢總額和那種必須的工錢總額時常是正相符，從不差離的，反之，如果工錢總額之有定的限度是靠着資本家的志願或他的貪慾限度，那麼，這就是一種任意的限度。這種限度並沒有什麼必要的。這種限度是可以按着資本家的意志變更的，所以也是可以逆着他的意志變更的。

威斯頓要解釋他的學說，便告訴你們說，一個碗盛着一種定量的湯汁，由若干人分食時，調羹的寬度增加一定不能產出湯汁總量的增加。我覺得這個例證頗爲愚拙。這個例證使我想起亞格利泊（Agrippa）所用的一個比喻。當羅馬的平民起而抗拒羅馬的貴族之際，這位貴族亞格利泊告訴他們，說貴族的肚子養活了政治團體中平民的肢體。亞格利泊不能表明用食物充滿了一個人的肚子去養活別個人的肢體。至於威斯頓方面，他已經忘記工人取食物的碗是充滿了國民勞働的全部生產物，而妨礙他們從碗中取出多量食物的，既不在乎碗的狹小，又不在乎碗中食品的不足，不過是因他們的調羹太小罷了。

有什麽計畫能使資本家把四先令的價變成五個先令呢？就是擡高他所出售的商品之價格。現在商品價格的增加，和通常商品價格的變動，以及商品價格的自身，是僅僅靠着資本家的意志呢？或者對於這種意志發生影響還須有某種情形呢？如果不是這樣，那市場價格的起跌和不斷的變遷便是一個不可解的謎了。

我們假定的生產力，所用的資本和勞働總額，或計算生產物價値的金錢價値，並沒有起什麼變化，不過工錢率有了一種變化；那麼，工錢的增加怎麼能影響於商品的價格呢？這就是僅由於影響這些商品的需要和供給上實際的比例。

就全體想起來，工界把他的收入用在各種必需品上，並且不能不用在必需品上，這完全是真的。所以工錢率普遍的增加，一定發生必需品的需要的增加之事，後來便發生必需品市場價格的增加。生產這些必需品的資本家，一定以抬高他們商品的市場價格，去補償那增加的工錢。但是那些不生產必需品的資本家將怎樣呢？並且這些資本家爲數亦不少。如果五分之一的人口消耗國民生產物的三分之二——一個衆議院的議員，近來說只有七分之一的人口消耗這許多東西——你們就知道國民生產物中何等大的一部分必須製成奢侈品或是爲交換奢侈品的東西，你們並且就知道各種必需品中何等大的數量必須耗於豢養僕役，馬，貓，等等上面，我們從經驗上知道這種消耗，因必需品價格的增加，時常要受很大的限制的。

但是那些不生產必需品的資本家之地位怎樣呢？他們不能因工錢普遍的增加而**利潤率下降**；遂把他們的**商品價格昇高**起來，藉以補償損失，因爲這些商品的需要不能較前增多。他們的收入一定要減少，但是他們還要從這種業已減少的收入中支付更多的金錢去買和前同一數量的高價必需品。但還不止此。他們的收入既然減少，他們對於奢侈品一定購買的少，因此他們對於各項商品相互的需要一定要減少。他們的商品價格因需要的減少一定將下降。所以在這幾項產業中，**利潤率一定下降**；而這樣的下降並不是對於工錢率普遍增加的單純比例，但是工錢率普遍增加的複比率。就是必需品的價格上昇而奢侈品的價格下降。

各項相異的實業中所用的資本，在利潤率上有這種差別，那麽，他有什麽結果呢？

這個結果無論何時，無論按何種理由凡是**平均的利潤率**在各種不同的生産不相同的時候都是一樣的。資本和勞働一定將由獲利較少的實業轉入獲利更多的實業，而這種轉移的進程，一定將繼續下去，一直等到一項實業的供給已經加多，和增加的需要相等，别項實業的供給已經下降和減少的需要相等，然後停止前進。

這種變遷完畢之時，普通的利潤率在各項不同的實業中一定又相等。

這種紛亂的情形原來不過是起於各樣商品的需要和供給比例上之變遷，那麽，他的原因消滅，他的效果也一定消滅，而一切價格也一定回復到從前的水平線和平衡了。

因工錢上昇而**利潤率下降**之事不限於幾項實業，一定會變成一種普通的現象。

依我們的推測，勞働的生産力一定沒有變化，聚合的生産總額也一定沒有變化，不過那**生産總額一定要變更他的形態**罷了。

大部分的生産物一定成爲

必需品，而小部分的生產物一定成爲奢侈品；或者發生一種相等的情形，就是小部分的生產物用以更換外國的奢侈品，而消耗於他的原來的形態中；或者再發生一種相等的情形，就是大部分的本國生產物用作交換外國的必需品，而不用做交換奢侈品。所以工錢率普遍的增加，在市場價格一時的擾亂以後，不過發生利潤率普遍的下降，而商品的價格並沒有何種長久的變化。

如果有人說我上邊的議論斷定全部贏餘的工錢，是花在各種必需品上面，我的答案就是這種假定是最有利於威斯頓的意見。如果贏餘的工錢是花在從前非工人所消耗的品物上面，他們購買力眞正的增加就無證明。他們的購買力之增加既是僅從工錢增加得來的，那麼，這種購買力的增加必定和資本家購買力的減少恰恰相符。所以商品**總共的需要**一定不是**增加**；不過組成這種需要的各分子起**變化**罷了。一方面的需要增加一定有別方面的需要減少，和他相抵。因此總共的需要，仍然是靜止不動的，商品的市場價格也不能發生何種變化。

那麼，我們就遇着一種難關；或者贏餘工錢是一樣的花在一切消耗品上—於是工界方面需要的擴大必定有資本階級方面需要的縮小和他相抵償—或者贏餘工錢只花在某幾種引起市場價格一時增加的物品上。

於是某幾項實業中利潤率必然的上昇和別項實業中利潤率必然的下降，在資本和勞働的分配上將發生變化。要一直等到供給在一方面增加起來，等於一項實業中增加的需要，在他方面減少下去，等於別項實業中減少的需要，然後這種變化歸於停頓。據第一種推測，商品的價格將不發生變化。據其他一種推測，市場價格稍微變化之後，商品交換價值將回復到以前水平線的原狀。據這兩種推測，工錢率普遍的上昇所生之最終的結果不是別的，不過是利潤率普通的下降罷了。

威斯頓要激動你們的想像力，所以要求你們想一想英國農業中的工錢從九先令增加至十八先令一定要發生之種種困難。他說，想一想必需品在需要上的大增加，和必需品必然發生之驚人的漲價。農產物的價格美國雖低於英國，資本和勞働間普通的關係，美國雖然與英國相同，每年的生產總額美國雖然少於英國，但是你們現在都知道美國農業的勞動者平均的工錢比較英國農業勞動者平均的工錢多至二倍以上。我們的朋友爲什麼要撞這種警鐘呢？這不過是轉移我們面前眞正的問題罷了。工錢忽然從九先令漲至十八先令，就是忽然增加一倍（一百分之一百）。現在我們並不討論英國通常的工錢率能否忽然增加百分之一百。我們並不涉及增加的數。量，在各實例中，這種數量必定是要依賴種種已定之環境的，並且是必定要適合於種種已定之環境的。我們所當問的就是工錢率普遍的增加，即使只限於百分之一，究竟將發生一種怎樣的作用。

我把威斯頓百分之一百的增加之幻想棄去不講，現在請你們注意英國從一八四九年至一八五九年所發生的工錢眞正增加之事。

你們都知道從一八四八年以後所採用的「十點鐘議案，」或「十點半鐘的議案。」這是我們親自看見的一種極大的經濟變遷。這是一種忽然的和強迫的工錢增加，這不是發生於一地方的職業，但是發生於英國左右世界市場的主要實業。這是在特別不吉利的環境中之一種工錢的增加。烏爾(Ure)博士，西尼爾(Senior)教授和代表中等階級的經濟學的發言者證明。——他們的理由遠過於我們朋友威斯頓所持的理由——這種十點鐘制就要制英國實業的死命。他們證明這椿事不僅是單獨的工錢增加，並且這個工錢的增加是開端於所用的勞働量的減少並且根本於所用的勞働量的減少。他們力言你們從資本家所奪去的第十二點鐘就正是他獲得利潤之唯一的一點鐘。他們發出些危詞，聳人聽聞，說將來發生之事，是財富積集的減少，價格的飛漲，市場的喪失，生產的限制，後來對於工錢發生一種反動，到了最終就歸於敗滅了。在實際上，他們宣言羅柏斯比爾（Robespierre）之最大限度的定律（Maximum Laws）和這椿事相比是一件極輕的。在某種意義上看起來，他們是對的。但是這椿事的結果是怎樣的呢？工廠中的工人雖縮短工作日，而現金的工錢卻加多，工廠所雇的工人數目大增，他們的生產物之價格繼續下降，他們的勞働生產力非常發達，他們的商品之消場繼續擴充，爲從前所未嘗開及的。科學促進會（The Society for the advancement of Science）於一八六〇年在滿切司特（Manchester）開會，我在會中親自聽見牛曼（W. Newman）承認他自己以及烏爾博士，西尼爾和其餘許多闡釋經濟學的人是錯的，人民的本能是對的。我現在說及牛曼——不是牛曼（Francis Newman）教授——因爲他在經濟學上占一個重要的位置，他是托克的價格史（Mr. Gooke's History of Prices）之投稿人和編輯人，這種傑作追溯價格的歷史從一七九三年起至一八五六年止。如果我們的朋友威斯頓所抱之一定的觀念，就是有定的工錢總數，有定的生產總額，勞働生產之一定的程度，資本家之一定的和恆久的意志，以及其餘一切固定之物和定數都是正確的，西尼爾教授的悲慘的預言就應該是很對的，而渦文（Robert Owen）就應該是錯的，因渦氏於一八一六年便已宣布工作日之普通的限制是預備解放工人的第一種步驟，他並且逆着世人普通的成見，在紐拉牟克（New Lanark）地方的棉花工廠裏面，自負責任開始這種限制工作日的運動。

在採用十點鐘議案和因此引起工錢增加的同一時期中，英國農業界的工錢有普遍的增加，至於增加的理由此處不必列舉了。

我對於所敍的事預先作幾句批語，雖不必是我卽刻的目的，然因爲不使你們發生誤會起見，我要略說幾句。

假定一個人每星期得兩先令的工錢，如果他的工錢增至四先令，那工。錢。率。一定增至百分之一百了。這種工。錢。實。際。上。的。總。數。｜每星期四先令｜雖仍然是一種可憐的，不足用以充饑禦寒的小數，但是把他表明出來，作爲一種工錢率的增加，就好像一椿盛事。所以你們決不可爲工。錢。率。中百分比例的高調所炫惑。你們必當時常問一問，那種原。來。的總數是什麽？

還有一層，你們要懂得，如果有十個人每星期各得兩先令，五個人每星期各得五先令，還有五個人每星期各得十一先令，這二十個人每星期一定總共收入一百先令，或五鎊。如果他們每星期的工錢總數上有了一種增加，現假定增加之數爲百分之二十，那麽，從前五鎊之數一定增至六鎊。在實際上，內中十個人的工錢雖沒有變動，五個人的工錢雖只從五先令加至六先令，而其餘五個人的工錢則從五十五先令加至七十先令，但是講起平均的數目，我們可以說一。般。工。錢。率。已經增加百分之二十了。他們內中有半數一定不能改良自己的地位，有四分之一只能在幾不可辨的程度內改良自己的地位，只有其餘的四分之一才眞正增進了自己的地位。計算平。均。的數目，這二十個人工錢的總額應該增加百分之二十，講到傭雇他們的聚合資本和他們所生產的商品價格兩點，和他們二十人同樣享有平均增加的工錢一事，並無絲毫不同。農業的勞動在英格蘭和蘇格蘭各地方標準的工錢既大不相同，所以工錢增加一事及於他們的影響也很不相等。

末了還有一點，就是在工錢開始增加的時期中，種種對抗的勢力也開始進行，如因俄羅斯戰爭（The Russian War）所發生的種種新稅，和農業中工人住宅極大的毀壞等事都是。

我已經發了這樣多的議論，現在討論一八四九年至一八五九年英國農業中平均的工錢率約至百分之四十這一件事。我能夠告訴你們很多的詳細節目藉以證明我所確定的話，但是照現在的目的講，我以爲把一八六〇年穆爾頓（J. C. Morton）在倫敦文藝社（The London Society of arts）關於『農業中所用的力量』（The Forces used in agriculture）這個題目所宣布的謹慎的和批評的論文指給你們看一看便已够了。穆爾頓從許多議案及別項可徵信的文書中撮取各種紀錄，至於這些文書是他從住在蘇格蘭十二郡和英格蘭三十五郡的一百個農民徵集得來的。

依照我們朋友威斯頓的意見，並且計及工廠中勞動者的工錢同時的增加，一八四九年至一八五九年的時候，農業生產物的價格應當發生一種極大的漲價。但實在的事實是怎樣呢？雖有俄羅斯戰爭，和一八五四年至一八五六年接續的歉收，但是英國主要農產物小麥的價格在一八三八年至一八四八年之間，每一嗙脫（Quarter）約值三鎊，在一八四九年至一八五九年之間每一嗙脫便降至二鎊十先令了。這種情形使小麥價格的下降在百分之十六以上，而同時農業中工錢平均的增加數約為百分之四十。

在同一時期之中，如果把他的尾期和他的首期相較，把一八五九年和一八四九年相較，則公家給養的貧民從九三四，四一九人減至八六〇，四七〇人，兩項相差之數為七三，九四九人；我承認這種減數是很小的，在以後幾年之間，這種減少又沒有了，但仍然還是減少的。

我們還可以說，英國因取消「穀介」(The Corn Laws)的結果，從一八四九年起至一八五九年止，外國穀類的輸入，比較一八三八年至一八四八年，多出二倍以上。這樁事的結果是如何呢？如果按威斯頓的觀察點，這樣對於外國市場忽然的，絕大的，和繼續增加的需要，必定使那處地方的農產物之價格漲至一種驚人的高度，而這種增加的需要，無論是來自國外或來自國內，他的效果都是相同的。實在的情形是怎樣的呢？除去收穫減少那幾年之外，在這個時期之中，穀類的大跌價為法國人時常辯論的題目；而美國人迫不得已屢次將他們贏餘的生產物焚化，至於俄國一方面呢，如果我們要是相信烏嗙特（Urquhart）的話，俄國激起了美國的南北競爭因爲他的農產輸出品在歐洲市場中爲美國人的競爭所壓倒了。

威斯頓的議論要是**化爲抽象的形態**；一定如下；需要的增加常起於有定的生產量的基礎上面。所以這種增加**永不能使所需的物品之供給加多**，但只能**擡高這些物品的金錢價格**。

現在最普通的觀察也可以顯出增加的需要，有時將使商品的市場價格完全不變動，有時將引起市場價格一時的增加，跟着就是供給的增加，跟着又是價格回復原來的水平線狀態，在許多例中有時還低。於原來的水平線狀態。

需要的增加無論是起于贏餘的工錢，或是起于別的原因，並不能變更這個問題情狀。

從威斯頓的觀察點看起來，這種普通現象和那種在工錢增加的特別情形之下所發生的現象，是一樣的難解釋的。

所以他的議論對於我們所討論的問題沒有什麼特別的關係。

他的議論僅僅表明他對於「需要的增加，產出一種供給的增加，而不能產出市場價格終極的飛漲，」這些定律，辨不清楚。

第三章　工錢和貨幣（Wages and Currency）

威斯頓在討論的第二天，把他的舊斷案換了新方法表出。他說；因現金的工錢普遍的增加之結果，將需用更多的貨幣去支付這些工錢。貨幣既是有。定的，那麽，怎能用有定的錢幣去支付已經增加的現金之工錢呢？以前的困難起於——不管工人現金的工錢之增加——工人所承受之商品有定的總額；現在的困難起於——不管商品有定的總額——業已增加之現金的工錢。你們如果不承認威氏以先的獨斷的見解，他那相因而起的困難自然也就消滅了。

我要說明，這個貨幣問題和我們眼前的題目究竟沒有甚麽關係。

你們國裏支付金錢的組織，比歐洲那一國都完善得多。社會上因受銀行制度的擴充和集中之賜，只需很少的錢幣去週轉同等數目的價值和辦理同等或更大數目的事業。例如講到工錢一項[redacted]工廠的工人每星期把他的工錢付給賣東西的，賣東西的每星期把這些錢送交銀行，銀行每星期把這些錢交還製造者，製造者再把這些錢付給工人，如此循環不止。一個工人每年的工錢假定爲五十二鎊，如使用這種方法就可以用一個金鎊每星期在同一社會中週轉起來，便可支付他這項工錢。就是在英格蘭支付金錢的組織，還不及蘇格蘭的完善，並且不是到處一樣完善的；所以我們看見好些農業區域——這是對於僅有工廠的區域說的——中須有很多的錢幣去週轉一種數目很小的價值。

你們如果渡海峽，就看見歐洲大陸現金的工錢比較英國的工錢低得多，但是在德意志，意大利，瑞士，和法蘭西的工錢是用更多的錢幣去週轉的。同是一個金鎊，不能像上面所說的那樣即時爲銀行所獲取，或是即時轉入工業的資本家之手中，所以不能以一個金鎊去週轉一年的五十二鎊，或須用三個金鎊去週轉一年的工錢二十五鎊之數。照這樣講起來，把大陸各國和英國比較，你們便知道低廉的現金工錢所需的錢幣，比較高價的現金工錢所需的錢幣，要數目多，並且這樁事在實際上不過是一個專門問題，和我們的題目是沒有關係的。

據我所知道的最正確之計算，英國工界每年的收入可以作為二億五千萬鎊。這種絕大的數目大約是用三百萬鎊週轉的。現在假定工錢增加了百分之五十。於是所需的錢幣不止三百萬鎊，定須四百五十萬鎊。這些工人每日的用費有很大的一部分是用銀幣和銅幣，就是用輔幣代表。這些輔幣對於金幣相對的價值，和不兌現的紙幣對於金幣相對的價值一樣，是用法律強迫規定的——現金的工錢增加至百分之五十，在極端的情形中，一定須再有許多金鎊——假定為一百萬之數——藉資週轉。現在藏在英格蘭銀行（Bank of England）或私人銀行的庫藏裏的金銀塊或錢幣一百萬鎊，一定將發出來，在市面上流通。但是如因缺乏這種另加的錢幣而發生什麼困難，這一百萬因另行鑄造和另外的損耗所生之小小費用甚至於可以節省，並且一定能夠實行節省。你們都知道英國的貨幣分為兩大類。一種是各種的銀行鈔票，商人間的交易和消費者付與商人的大宗款項中採用這種貨幣。一種是金屬的錢幣，零售的商業採用。這兩種貨幣雖然種類不同，他們卻是互相輔助的。金錢的用處很廣，就是在大宗的支付中，凡在五鎊以下的零數是由他週轉的。如果明天發出四金鎊的鈔票，或三金鎊的鈔票，或二金鎊的鈔票，那種在這些地方流通的現金一定即時就被驅除，並且一定流入那些因現金的工錢增加而需要現金的方面。所以因工錢增至百分之五十所需的另外一百萬，無須另加一個金鎊，一定可以補充起來。加發一種期票在市面流通而不另發銀行鈔票，也可發生同一的效果，例如蘭卡協（Lancashire）發行期票就已經很久了。

如果因工錢率普遍的增加為百分之一百—威斯頓推測農業中工錢的增加是這樣的—一定將發生必需品的價格飛漲之事，並且依威氏的見解，一定須另有一種得不到的錢幣數目，那麼，工。錢。普。遍。的。下。降，在反對方面也必定產生同樣規模的同一效果。　你們都知道自一八五八年至一八六〇年是棉業最興旺的時期，特以一八六〇年在商業史上是棉業空前的興盛的時期，同時別項實業也是最興旺的。　棉業工人和別種與棉業相連的工人的工錢在一八六〇年比以前各年都高。　後來美國的產業危機出現，而那些聚合的工錢忽然下降，約達於以前的數目四分之一。　這就是反對方面增加了百分之四百。　如果工錢是從五漲至二十，我們便說工錢增加了百分之三百；如果工錢是從二十降至五，我們便說工錢減少了百分之七十五；但是一方面增加的數目和他方面減少的數目本是相同的，就是十五先令。　這是工錢率中一種突然的變動，從來沒有見過的，我們對於工人的數目，如果不僅計算那些直接在棉業中作工的人，並且還計算那些間接倚靠棉業的人，這種變動同時涉及於他們的人數比農業中的勞働者之人數多一倍半。

小麥的價格曾經下降麼？　一八五八年至一八六〇年三年之中小麥一噚脫每年平均的價格爲四十七先令，八辨士，一八六一年至一八六三年三年之中，小麥一噚脫每年平均的價格漲至五十五先令十辨士。

講到貨幣一層，一八六一年造幣廠所鑄的爲八，六七三，二三二鎊，而一八六〇年所鑄的只有三，三七八，七九二鎊。　這就是說一八六一年所鑄的錢幣比一八六〇年所鑄多五，二九四，四四〇鎊。　一八六一年銀行鈔票的流通額比一八六〇年少一，三一九，〇〇〇鎊，這是真的。　現在減去此數。　一八六一年所用的貨幣和一八六〇年這種興盛的年歲相較，仍然多出三，九七五，四四〇鎊，幾乎要多四百萬鎊；但是英格蘭銀行的金塊儲蓄金同時已經減少。雖沒有達於同等的比例，也大略相近了。

現在把一八六二年和一八四二年作一個比較。一八六二年的時候，除去那些流通的商品之價值和總額有絕大的增加以外，單是對於英格蘭和威爾士（Wales）的鐵路所付的股份，貸金等的資本達三億二千萬鎊，這個數目在一八四二年一定視爲不可信的。但是一八六二年和一八四二年錢幣的總數仍然是幾乎相等的，大概對於價值——不僅是商品的價值，並且還有一般金錢上營業的價值——還顯出貨幣遞減的傾向。要是依我們朋友威斯頓的觀察點看起來，這便是一個不可解的謎了。

威氏要是對於這樁事體略加以更深的考察，他一定已經覺得除掉工錢不計並且假定工錢是有定的以外，那些流通的商品之價值和數量，以及通常那些核計的金錢營業之總額是每天變化的；銀行所發出的鈔票之總數是每天變化的；那種不假手於現金，而專藉期票，支票，帳簿上登記款項（Book-Credits）和銀行清算所（Clearing-houses）之作用而支付的總數是每天變化的；實在的金屬錢幣既是必須的，在市面通用的金錢和藏在銀行倉庫中的金錢及金塊之比例是每天變化的；國內流通所吸收的金塊之總額和送出國外備國際流通的金塊之總額是每天變化的。「威氏要是對於這樁事體略加以更深的考察」他一定已經覺得固定不變的錢幣這種獨斷的教條是一種極大的錯誤，這是和我們每天的活動不相容的。「威氏要是對於這樁事體略加以更深的考察」他一定已經研究那些使錢幣適合於時常變化的環境之定律，不致把他那些錯誤的錢幣定律之概念變成一種反對工錢增加的議論。

第四章　供給和需要（Supply and Demand）

我們的朋友威斯頓承認「反復申說是學業之母」（Repetitio est mater Studiorum）這句拉丁成語。所以他用新的方式反復申說他原來的教條，他以爲因工錢增加而起的錢幣缺乏之事一定將發生資本的減少。　我已經討論過他那錢幣的幻想，現在再討論他認爲他那想像的錢幣幣端中發生出來的結果是完全無用的。他反復陳述他的教條變爲許多不同的方式，我現在把他這同一的教條改爲最簡單的理論的方式。

威氏討論他的問題時所用缺乏批評方法只要舉出一個問題便可看出。他非難工錢的增加，或非難高價的工錢，他以爲這是工錢增加的結果。現在我要問他，高工錢是什麼，低工錢是什麼？例如每星期五先令爲什麼就算是低工錢，每星期二十先令爲什麼就算是高工錢？如果因五和二十比較算是低的，二十和二百比較仍是更低的。如果一個人要作關於寒暑表的演說，他起首就講高溫度和低溫度，他一定不能與人以什麼知識。他起首必須告訴怎樣找出冰點，怎樣找出沸點，這些標準點是怎樣由自然律定出來的，並不是由出賣或製造寒暑表之人的幻想定出來的。現在威斯頓關於工錢和利潤，不獨不能從經濟的定律中推出這樣的標準點，他甚至於不覺得有注意於這些標準點的必要。工錢要和一種測量他的數量之標準相比較，才能够說高低，這是非常明白的，然威氏卻心滿意足承認高低這種通行的俗語名詞，以爲這是有一定意義的。

他不能說明，爲什麼某種的金錢要給與某種的勞働。如果他要是說，「這是由供給和需要的定律規定的，」我首先就要問他，供給和需要的自身是用什麼定律規定的。這樣一問即刻使他失措。勞働的供給和需要間之關係不斷的變化，勞働的市場價格也是同樣的不斷的變化。如果需要超過供給，工錢就上升。如果供給超過需要，工錢就下降。但是在這些情形之中，或者須用一種同盟罷工或別的方法去試。驗。需要和供給眞實的情形。但是你們如果承認供給和需要做一種規定工錢的定律，聲言反對工錢的增加一定是兒戲的，也是無用的，因爲依照你們所依附之至高無上的定律，一時期的工錢上升和一時期的工錢下降，是一樣緊要的，也是一樣正當的。你們如果不承認供給和需要做一種規定工錢的定律，我又要重行提出我的問題，就是爲什麽某種的金錢要給與某種的勞働？

但是從更大的地方討論；你們如果以爲勞働或商品的價值是終久由供給和需要規定的，那麽，你們一定完全錯了。供給和需要除掉規定市場價格**一時的變動**外；不能有所作爲。供給和需要可以說明，一種商品的市場價格爲什麽高於他的**價值**；或低於他的**價值**；但是供給和需要永不能說明那種**價值的自身**。假定供給和需要是平衡的，或如經濟學者所稱是彼此相等的。這些相反的勞力成爲相等的時候，他們彼此都麻木不仁，無論在那一方面都不發生作用。供給和需要彼此相等，停止作用的時候，一種商品的**市場價格**和他的**眞實價值**相等，並且和標準價格相等，而商品的市場價格是伴着這種標準價格變動的。所以我們研究這種**價值**的性質的時候便無須討論供給和需要的市場價格之一時的效果。這一點對於工錢和一切商品價格也是一樣的。

第五章　工錢和價格（Wages and Prices）

我們朋友的一切議論若改爲最簡單的理論上之語法，便成爲一種單一的教條就是；「商品的價格是由工錢決定或規正的。」

我可以用實際上的觀察來證明這種陳舊的，已經推倒的曲說是不對的。我可以告訴你們，|英國工廠的工人，鑛工，製船匠人等等的勞働價格，是相對的昂貴，因他們的生產物價格低廉，故賤售給別的國家。同時|英國農業勞働者的勞働價格是相對的低廉的，反因他的生產物價格昂貴，差不多個個國家都以賤價的農產品賣給他。比較同一國中的物品以及各國的商品，我可以表明—除掉幾個外表甚於實情的例以外—依照平均的算計，價格昂貴的勞働產生價格低廉的商品，而價格低廉的勞働產生價格昂貴的商品。這樁事自然不是證明一個例的勞働的價格昂貴和其他一個例的勞

働的價格低廉，便是那些正相反對的效果之原因，但是這樁事無論如何，一定足以證明商品的價格不是由勞働的價格支配的。但是我們眞是無須用這種經驗的方法來證明這一點。

大家或者可以否認威斯頓設有說「商品的價格是由工錢決定或規正的這個教條。」事實上他從沒有說這種話。反過來他說利潤和租金也構成商品價格的成分，因爲不僅工人的工錢，就是資本家的利潤和地主的租金，也必然出自商品的價格中。但是他以爲價格是怎樣構成的呢？最初是由工錢構成的。於是在價格中替資本家另加百分之幾。再替地主又加百分之幾。現在假定在生產一種商品中所費的勞働之工錢爲十。如果利潤率爲百分之一百，資本家一定在預定的工錢上加十，如果租金率也是百分之一百，工錢上一定再加十，那麽商品總共的價格一定是三十。但是這樣的決定價格，就不過是由工錢決定罷了。

如果上面的工錢漲至

二十，商品的價格就一定增至六十，其餘可由此類推。所以一般老朽的經濟學者闡明工錢規定價格的教條，他們力言利潤和租金不過是工錢上所加的百分之幾；藉以證明這種教條是正確的。他們自然不能把那些百分之幾的限度造成一種經濟的定律。反之，他們似乎以爲利潤是由成訓，風俗，資本家的志願決定的，或是由別種同樣武斷和難解的方法決定的。如果他們斷定利潤是由資本家相互的競爭決定的，他們還是沒有說明。這種競爭的確可以使相異的職業中相異的利潤率相等，或是使那些利潤率降至一種平均的水平線上，但是這種競爭決不能決定利潤的水平線本身，或通常的利潤率。

我們說商品的價格是由工錢決定的，這是什麽意思呢？工錢既僅爲勞働價格的別名，那麽商品的價格就是由勞働的價格規定。「價格」既是交換的價值——我所說的價值都是指交換的價值——既是用金錢表現出來的交換價值；那麼全句的推論就是「商品的價值是由勞働的價值決定的，」或是「勞働的價值的通常準則。」

但是「勞働的價值」自身是怎樣決定的呢？　我們到此處便停頓了。

我們如果試依邏輯的方法去從事推理，我們在此處自然會停頓起來。

但是闡明這種教條的人對於邏輯上的疑惑沒有充分解釋出來。例如我們的朋友威斯頓就是這樣。他起初告訴我們，說工錢規定商品的價格，所以工錢增加，價格也必定是增加的。於是他便轉變方向，向我們表明，工錢的增加是不好的，因爲商品的價格已經增加了，花在商品上的工錢眞是以商品的價格爲準則的。　因此我們起首說勞働的價值決定商品的價值，我們結論說，商品的價值決定勞働的價值。　因此我們在這個最糊塗的循環論裏轉來轉去，畢竟得不到結果。

總之，我們用一種商品——例如勞働，穀類，或別的商品——的價值做價值的通常準則，我們顯然只躲避了這一種難關，因爲我們以一種價值去決定別種價值，而這一種價值的自身又缺乏被決定的標準。

『工錢決定商品的價格』這種教條用他的最抽象的語法表明出來，就是，『價值是由價值決定的，』而這種反復語就指出我們在實際上對於價值究竟毫不知道。承認這個前提，凡經濟學上普通定律之推理，便變成囈語了。

李嘉圖（Ricardo）於一八一七年刊行他的經濟學原理，他的大功勞就是在這部書中從根本上打破『工錢決定價格』這種陳舊的通行的，和破敗不堪的曲說，亞斯密（Adam Smith）和亞氏以前法國一班先進在他們著作中眞正科學的部分已經排斥這種曲說，但是他們卻又把這種曲說加入他們的著作中更淺顯更通俗的部分。

第六章　價値和勞動（Value and Labour）

公民諸君，我現在應該更進而發揮這個問題。我的討論不能完備的因爲要求完全，我就當涉及經濟學的全部範圍。我只能將主要各點稍微談一談。

我們第一個問題就是一種商品的**價值**是什麼。這種價值是如何決定的？

乍一看，似乎一種商品的價值是一種相對的東西，若不顧及一種商品和其他一切商品的關係，便不能決定商品的價值。其實講到價值，一種商品的交換的價值，我們就是指一種商品與其他一切商品交換時之比例的數量。但是現在又發生一個問題，就是；各種商品彼此交換的比例是怎樣規定的？

我們從經驗上知道這些比例有無限的差別。例如小麥這一宗商品，一噚脫小麥和各種不同的商品交換，差不多有無數不同的比例。但是小麥的價值無論用絲或金或別的商品表現出來，**時常是相同的**；他對於各種不同的物品這些不。同。的。交。換。率。必定是判然獨立的。必定可以用一種很不相同的方式來表現各種商品的各樣等數。

倘若我說一咵脫小麥以某種比例與鐵交換，或是說一咵脫小麥的價值是以多少鐵表出，那就是說，小麥的價值和他的鐵的等量物等於第三種東西—這種東西既不是小麥，又不是鐵—因爲我以爲小麥和鐵是以兩種不同的形態來表現這種同一的數量。所以無論是小麥或鐵—他們是彼此不相連屬的—必至等於這個第三種東西，這種東西就是他們共同的標準。

我要用一個很簡單的幾何例解釋這一點。我們比較所有三角形的形體和面積或是比較三角形與矩形怎樣着手呢？我們將三角形的面積變成一種和原形很不相同的形態。我們既然由三角形的性質上發見他的面積是等於他的底邊和高相乘數之半，我們於是便能比較各種三角形不同的價值，並且能比較一切直線形體不同的價值。因爲這些形體都可以變成好多個三角形。

求商品的價值也一定要照同樣的方法進行。我們一定要用一種東西表示一切商品的價值，並且只能以他們所含這種同一標準的比例去分別他們。

商品的**交換價值**既只是那些東西之**社會的功用**（Social function）與他們的**天然品質**無關，那麼，我們第一就當問，一切商品之共同的**社會的實質**（Social Substance）是什麼？就是**勞働**。要生產一種商品，必須費去一點勞働。並且不僅是勞働，還是**社會的勞働**（Social labor）一個人造出物品，自己直接使用，歸自己消費，就是造成一種**生產物**（Product）不是一種**商品**。他是一個自足的生產者，他與社會沒有關係。但是要生產一種**商品**，一個人不僅當生產一種東西去滿足某種**社會的需要**，而他的勞働的自身必定構成社會所費的全部勞働之一部分。他這勞働必定是附屬於社會中分工之下的。倘若沒有別的分工，這種勞働便沒有用處，故這種勞働必須為完成分工之用。

我們如果把商品當作價值，我們便只在實現的，有定的，或結晶的社會勞働的一方面討論這些商品。在這一方面，許多商品不同之點，只在代表更大的或更小的勞働量，例如製造一條絲手巾比做一塊磚或費去一種更大的勞働量。但是勞働量又是怎樣測定呢？就是以勞働所經的時間為標準，用鐘點，日期等等去測定勞動。應用這種測量法，各種勞働自然都變成平均的或簡單的勞働，可作為各種勞働的單位。

所以我們便得到下面的結論；一種商品有一種價值；因為他是社會勞働的結晶。商品價值的大小或商品相對的價值，要靠着商品中所含的社會實質的數量的大小，這就是說，要靠着商品的生產所必需之相對的勞勵量爲轉移。所以商。品。相。對。的。價。值。是由商品中費。去。的。實。現。的。和有。定。的。各。勞。働。量。而決定的。凡以同。樣。勞。働。時。間。能夠生產的商品之相。對。的。數量是相。等。的。換一句話說，就是一種商品的價值等於別種商品的價值，因爲一種商品中有定的勞働量等於別種商品中有定的勞働量。

我想你們一定要問，用工錢決定商品價值和用商品的生產所必需之相對的勞働量決定商品價值兩種，眞正有什麽大分別麽？但是你們必須注意勞働的報。酬。和勞。働。量。是很不相同的東西。例如假定一嗙脫小麥和一兩金子所費之勞働量是相。等。的；我舉出這個例，因爲這是佛蘭克林（B. Franklin）在他的第一次論文裏面曾經用過的，這篇論文是一七二一年刊印，題爲紙幣性質和必要的平議，他在這篇論文中對於價值的眞性質，說得中肯，並且是首先討論價值中肯的一個。我們現在假定一嗙脫小麥和一兩金子有同。等。的。價。值。；或是爲相等的東西，因爲他們是平。均。的。勞。働。之。相。等。

量的結晶；他們是許多天或許多星期的勞働的結晶。我們這樣決定金子和小麥相對的價值還是以農民和礦工的工錢為根據麽？決不是這樣的。他們每天或每星期的勞働受怎樣的報酬，甚至於是否雇用工錢勞働（Wages labor）我們都不必決定。如果決定了，工錢也許是極不相等的。一個勞働者實現在一嗙脫小麥上的勞働或只獲得兩嘝（Bushel）小麥的報酬，一個開礦的勞働者或獲得半兩金子的報酬。就假定他們的工錢是相等的，他們也許在種種比例之中失去他們所生產之商品的價值。他們的工錢或等於一嗙脫小麥和一兩金子的半數，或三分之一，或四分之一，或五分之一，或任何種比例的一部分。他們的工錢自然不能超過他們所生產之商品的價值，但是這些工錢總是能够少於他們所生產之商品的價值的。他們的工錢要受他們生產物的價值之限制；但是他們生產物的價值卻不受工錢的限制。還有一層頂要緊的，譬如小麥和金子相對的價值如何決定，與所用的勞動的價值（就是**工錢**）毫無關係。所以依相對的勞働量去決定商品的價值，和依勞働的價值或工錢去決定商品價值，這種重復的方法是很不相同的。這一點在我們的討論中以後還要加以解釋。

我們計算一種商品的交換價值，必須把從前用在這種商品的原料之勞働量，以及費在器械，機器，和建築物的勞働，加在**最後**所費的勞働量上面，因爲這種勞働是由器械，機器和建築物幫助進行的。例如若干棉紗的價值是將從前用於棉花自身的勞働量，用於煤炭，油，和別種輔助品的勞働量，以及用於汽機，紡錘，工廠建築等等的勞働量加在紡績時的勞働量之結晶。生產工具如器械，機器，和建築物，當生產反復進行時，在一個長時期或短時期內時常繼續使用。如果生產工具像原料一樣是卽刻用罄的，那麼，他們的全部價值，也一定卽刻就轉移到他們幫助所生產的商品上面。但是紡錘既只是逐漸消耗的東西，那麼，便根據紡錘所歷的平均時間和他在一定時期內－假定爲一天－的平均消耗，作成一種計算。我們依這種方法去計算紡錘的價值有多少是轉移於每天所紡的棉紗上，並且計算費在一磅棉花的勞働總量有多少是由於從前用在紡錘的勞働量而成的。就我們現在的目的而論。無須再討論這一點了。

如果商品的價值是依加在生產他的勞働量決定，似乎一個人愈加懶惰或愈加呆笨，他的商品便愈加有價值，因爲他完成這種商品所需的勞働時間愈加長久的緣故。但是這是一種嚴重的謬誤。你們記得我曾經用過「社。會。的。勞。働。」這個名詞，有許多點就包含在「社。會。的。」這個形容詞裏面。說一種商品的價值是由費在這種商品中勞。働。量。而決定的，我們就是指在某種社會的平均生產狀況之下，和一種有定的社會平均精力及所雇的平均勞働技能之中，生產這種商品所必需的勞働量。英國當機力紡織機出來和人力紡織機競爭之時，把若干有定的棉紗織成一碼布，只需從前一半的勞働時間。可憐的人力紡織機織工從前每天只作工九或十點鐘，到了現在每天作工十七或十八點鐘。但是他二十點鐘的勞働之生產物只能代表十點鐘的社會勞働，或是代表十點鐘的勞働時間，這種時間就是把若干有定的棉紗織成布匹時社會所必需的時間。所以這個織工現在費二十點鐘的生產物比較他從前費十點鐘的生產物，不能有更大的價值。

如果商品中所耗去之社會必需的勞働量是規定商品的交換價值，因生產一種商品而增加勞働量必定增加他的價值，就如同因生產一種商品而減少勞働量必定減少他的價值一樣。

如果生產各種商品所必需的各種勞働量沒有變動，商品相對的價值必定也是沒有變動的。但是卻不是如此，生產一種商品所必需的勞働量是因所費的勞働生產之變化而繼續變化的。勞働的生產力愈大，在一定的勞働時間內所完成的生產物也愈多；勞働的生產力愈小，在同一時間內所完成的生產物也就愈少。例如因人口發達，必須耕種不甚肥沃的土地，要從這些土地上獲得和沃土所產之同樣多的生產物，只有費一種更大的勞働量才能達到目的，而農產物的價值一定因此上昇。從他方面講起來，如果紡紗者應用近世生產工具，在一個工作日中把棉花紡成棉紗。比他從前在同一時間內用人力紡車所紡的紗多至好幾千倍，那麼，每一磅棉花比較從前將少吸收好幾千倍紡紗的勞力，結果因紡紗而加於每一磅棉花上的價值也將比較從前少一千倍，這是顯然易見的。棉紗的價值也將因此下降。

勞働的生產力除各人不同的自然精力和所需的工作能力外，首先就靠着：

（一）勞働的天然狀況，如土地的肥沃，礦山的豐富等等。

（二）社會。勞。働。力。的繼續進步，這就是由大規模的生產，資本集中勞働聯合，細密的分工，機器，改良的方法，應用化學和別種天然力，藉交通和運輸的工具縮短時間和距離，以及其他發明的計畫（科學藉這種計畫去克服種種天然力使為勞働服役，）社會的或協作的勞働性又因此而發達。勞働的生產力愈大，加於一種定量的生產物之勞働愈少；因此生產物的價值也愈小。勞働的生產力愈少，加於同量生產物的勞働愈多；因此生產物的價值也愈大。所以我們可以把這一點定為一條普通律如下。

商。品。的。價。值。與。生。產。中。所。費。的。勞。働。倍數做正比例，與所費的勞働的生產力做反比例。

現在才說完價。值；我對於價。格。再論幾句，價格就是價值的一種特別形態。

就價格本身講，他不是別的東西，不過是用金。鏤。表。現。出。來。的。價。值。罷了。

例如英國一切商品的價值是用金的價格表現出來的（Expressed in gold prices）同時在歐洲大陸一切商品的價值大概是用銀的價格表現出來的。金或銀的價值和其他一切商品的價值一樣，都是由採取他們所需的勞働量規定的。　你們用你們國內若干生產物—你們國內若干勞働結晶在這些生產物裏面—去交換產金銀的國家之生產物，他們國內若干勞働量也結晶在那些生產物裏面。　你們用這些個方法，（實際上就是物之交換）才用金銀表現一切商品的價值，就是表現加於商品的各種勞働量。　你們更考察用金錢表現出來的價值（換言之把價值變成價格）你們就覺得這是一種方法，你們藉這種方法，就給一切商品的價值以一種獨立的同質的形態；或是藉這種方法表現一切商品的價值爲相等的社會勞働量。　價格既只是用金錢表現出來的價值，所以亞丹斯密（Adam Smith）稱價格爲自然的價格（Natural price）法國的農宗論者（Physiocrats）稱價格爲『必

須的價格」(Prix nécessaire)。

價值和**市場價格**的關係是怎樣的，換言之，**自然價格**和**市場價格**的關係是怎樣呢？　你們都知道生產的情形雖或因個人的生產者而有不同，但是一切同種類的商品的市場價格卻是一樣的。　市場的價格只表現在平均的生產狀況之下供給市場以若干物品所必需之**平均的社會勞働量**。這種計算是以某種商品的全部分爲根據的。

因此一種商品的**市場價格**是和他的**價值**一致的。　反之，市場價格的搖動，有時高於商品的價值或自然價格，有時低於商品的價值或自然價格，就是以供給和需要的變化爲轉移的。　市場價格常不斷的和商品的價值相差。　但是如亞丹斯密所說的一樣：「自然價格是一種中心的價格(Central price)一切商品的價格是繼續傾向這種中心價格，以他爲重心的。種種偶然的事故或有時使商品的價格遠過於中心價格，有時或使商品的價格甚至於略低於中心價格。但是無論那些妨礙商品價格使他們不能停在這種安靜和恆久的中心之障礙如何，商品的價格總是時常傾向這個中心點的。」

我現在不能細細考究這樁事。總之供給和需要如果彼此相等，商品的市場價格就和他們的自然價格相等，這就是說，將和他們的價值相等，而這些價值是由商品的生產所必需之各勞働量決定的。但是供給和需要的相等，雖只由於變動相繼續，如一起一伏，一伏一起，互相補償，但是供給和需要必定是時常傾於彼此相等的。你們分析市場價格運動如果不單研究每天的變動，想到更長的期限，像托克（Tooke）在他的價格史（History of Prices）裏面曾經實行的一樣，你們就覺得市場價格的變動，價格和價值的差異以及他們的上昇和下降是互相尅制，互相補償的；所以除獨占事業和某種限制的影響以外——我現在不能討論這些——各種商品平均都是按着他們各自的價值。或自然價格出售。

在平均的時期內，市場價格的變動互相補償，這種平均的時期因商品的種類不同而有差異，因爲使同種類的供給適合於需要比較使異種類的供給適合於需要，更加容易些。

從廣義說起來，又從包括一種略長的時期說起來，如果各種商品按着他們各自的價值出售，假定利潤——這並不是私人的利潤，但是各業恆久的和通常的利潤——是起於商品的價格，或是起於出售時超過商品價值的價格，這是無意識的話。這個觀念如果一經推廣，他的謬誤便顯然可見。一個人以賣者的資格所常得的利益，將以買者的資格時常失去這種利益。如果說有好些人是買者而非賣者，或是消費者而非生產者，這是不對的。這些人付給生產者的東西，起初必定是無報酬從生產者得來的。如果一個人起初拿了你們的錢，後來將那種錢來買你們的商品，你們就是將你們的商品以重價賣給他，你們也永不能致富。這種辦法或可減少一種損失，但是永不能幫助獲得一種利潤。

所以你們要說明利潤的一般性質；必須從一種基本定理入手，就是，平均計算起來，商品按着他們眞正的價值出售；利潤是按商品的價值出賣商品。得來的，這就是，按商品中所費之勞働量的比例出賣商品得來的。你們如果不能以這種假定爲根據去解釋利潤，你們就不能解釋他。這似乎是一種逆說，（Paradox）和日常的觀察相反。但是地球繞日而行，以及水由兩種極易燃燒的氣體而成，也是一種逆說。日常的經驗所接觸的事物，只是虛幻的現象，如果以這種經驗去判斷科學的眞理，眞理就常是一種逆說。

第七章　勞働力（Labor Power）

我們這樣簡單的分析了商品的價值之性質，現在必須再注意勞働的特別價值。我又要用一種似是而非的逆說來驚你們。你們都確知道他們每天所賣的是勞働；所以勞働有一種價格；商品的價格既只是用金錢表現出來的價值，那麼，世上一定也有勞働的價值。但是在普通所承認的名詞裏，卻沒有勞働的價值這種東西。我們已經知道在商品的價值就是那必需的勞働量的結晶。現在應用這價值的觀念，我們怎樣替一個十點鐘工作日的價值下一種界說呢？一工作日含有多少勞働呢？十點鐘的勞働如果說一個十點鐘工作日的價值等於十點鐘的勞働，或是等於這一日所含的勞働量，這是一種重複的話，也是一種無意識的話。我們一旦發見了「勞働的價值」這種說明之真實的，但是隱藏的意義，自然能夠解釋這種不合理的似乎不可能的價值應用一點，好像我們一旦發見天體真實的運動，就能夠說明他們顯然的或只是現象的運動一般。

工人出賣的東西並不直接是他的勞働；但是他的勞働力；他以這種勞働力讓給資本家，暫時聽其處置。我不知道英國的法律，是否規定，但我確知到歐洲大陸的法律，規定，一種最大限度的時間；准一個人在這種限度內出賣他的勞働力，這種情形和上句所說的是很相同的。如果允許一個人出賣他的勞働力至一種無窮的期限，那就立刻恢復奴隸制了。例如這種出賣的事若包括他一生的時間，他卽刻成爲他的雇主的終身奴隸。

霍布斯（T. Hobbes）是英國最老的經濟學家，最能自出心裁的哲學家之一，他在巨靈（Leviathan）的著作裏面已經無意中說到所有後進者忽視的一點。他說；『一個人的價值像其他一切事務的價值一樣，就是他的價格，這種價格的多少就等於報酬他的能力的運用所當給的數目。』我們從這基礎進行，便能夠決定勞働的價值；和其他一切商品的價值一樣。

但是在我們這樣決定勞働的價值之先，我們可以問道，我們看見市場上有一羣買者據有土地，機器，原料，和生活必需品，這些東西除掉土地是在他的天然形態外，都是勞働的生產物，在另一方面，又有一羣賣者，他們除掉他們的勞働力，他們作工的手腕和腦筋外，沒有別的東西出賣，這種怪現象是怎樣起來的呢？　一羣人因爲要獲得利潤使他們致富，就繼續買入，同時其他一羣人因爲要謀生活，就繼續賣出，這種怪現象又是怎樣起來的呢？考究這個問題，就是考究一般經濟學家所稱之「從前的或原來的積蓄」（Previous or Original Accumulation）但是這種東西應當稱爲原來的掠奪物（Original expropriation）我們定當發見這種所謂原來的積蓄不是別的但是勞働者和他的勞働工具間原來的聯合拆散了以後一串的歷史進程。這樣的考究卻超出我現在這個題目的範圍之外。　勞働者和勞働工具的分離一旦成立，上面這樣的事情就繼續存在，並且繼續擴充，一直等到一種新的和根本的生產狀況的革命才把他再推翻，而以一種新的歷史的方式恢復那種原來的聯合才止。

那麼，**勞働力的價值**究竟是什麼呢？

勞働力的價值像別的商品的價值一樣，是由生產他所必需的勞働量決定的。一個人的勞働力只在他個體生存的時候。一個人長大成人和維持生活必須消耗若干必需品。但是人和機器一樣，是會歸於無用的，必定另有人去代替他。除他自己維持生活所需的必需品以外，他還要若干必需品去養育多少個子女，那些子女就是在勞働市場中代替他的，並且是延緜勞働者之種族的。還有一層，要發達他的勞働力，求得一種技能，必須另外花費一種價值。我們現在只要考究平均的勞働就够了，這種勞働的教育和發達的費用就消滅了。但是生產性質不同的勞働力的費用既然不同，種類不同的職業所雇之勞働力的價值一定也是不同的，關於這一點我必須乘此機會說出來，所以要求工錢同等的呼聲是根本錯誤的，這是一種癲狂的志願，永不能實現的。世間有一種虛僞的膚淺的激烈論，既承認事物的前提，又想避去他們的結論，上面那種呼聲就是這種激烈論的產物。在工錢制度的基礎上，勞働力的價值之決定，和其他商品的價值之決定是相似的；種類不同的勞働力既有不同的價值，或是因他們的生產要求不同的勞働量，所以他們在勞働市場中**必定**獲得不同的價格。　在工錢制度的基礎上大聲疾呼，要求**相等**的或是**恰合正義的報酬**；就和在奴隸制度的基礎上大聲疾呼，要求**自由**一樣。　你們視為公道的或是合乎正義的東西是不成問題的。　現在的問題是：一種已定的生產制度所必須的和不可免的東西是什麼？

從以上說過的看起來，便知道**勞働力的價值**是由生產，發達，維持，並且延緜勞働力所需之**必需品的價值**而決定的。

第八章　贏餘價值的生產（Production of Surplus Value

現在假定一個勞働者每日必需品的平均量須有**六點鐘的平均勞働**才能生產這些必需品。　又假定六點鐘的平均勞働用金子的量表現出來等於三先令。於是這三個先令就是那個勞働者勞働力的價格；或是用金錢表現出來的勞働力的每日價值；如果他每天作工六點鐘，他每天必定生產一種價值，足以購買他每天必需品的平均量，或是足以維持他自己做一個勞働者。

但是我們的工人是一個工錢勞働者。所以他必須把他的勞働力賣給一個資本家。如果他把他的勞働力每天賣三先令或每星期賣十八先令，他所賣的便合於他的勞働力的價值。假定他是一個紡紗的工人。如果他每天作工六點鐘他每天對於棉花上就加一種三先令的價值。他每天所加的這種價值對於他每天所受的工錢勞働力的價格一定是一種正確的相等量。如果是這個情形，便沒有贏餘價值或贏餘生產物歸於資本家。我們於此便遇着一個難關。

資本家購置工人的勞働力支付這種力的價值，就像其他購買者一樣，已經取得一種消費或使用他所買的商品之權力。你們令一個人作工去消耗或使用他的勞働力，好像你們開動一架機器去消耗或運用機器一樣。所以資本家購買工人勞働力每天或每星期的價值時，在那一整天或星期之中，他已經獲得使這種勞働力作工的權力。工作日或工作星期自然有一點限制，這些限制我們以後再詳細考究。

現在我希望你們注意一個要點。

勞働力的**價值**是由維持或再行生產這種力所必需的勞働量決定的，但是使用勞働力只受勞働者活動的精力和身體上的氣力之限制。勞働力每天或每星期的**價值**和這種力每天或每星期的運用是很有區別的，好像一匹馬所需的食料和他能够載一個馬夫的時間是很有區別的一樣。限制工人勞働力的**價值**之勞働量對於工人的勞働力服務之勞働量決不構成一種限制。現在用紡紗工人爲例證。

我們已經知道他要每天復行生

產他的勞働力，他每天必須復行生產一種三先令的價值，他每天作工六點鐘就獲得這種價值。　但是這椿事並不能阻止他使他每天不能作工十點鐘，十二點鐘，或多於十二點鐘。資本家因支付這個紡紗工人的勞働力之每天或每星期的價值，他在這一整。天。或星。期。之中，就取得使用這種勞働力之權。　所以他就使這個工人每天—假定—作工十二點鐘。紡紗工人除償還他的工錢或他的勞働力的價值所需之六點鐘以外，他還須另外作工六點鐘，這種鐘點我將稱爲贏。餘。勞。働。的鐘點，這個贏餘勞働表現出來成爲一種贏。餘。價。值。和一種贏。餘。生。產。物。　例如我們的紡紗工人每天六點鐘的勞働，對於棉花如果增加三先令的價值—這種價值恰和他的工錢相等—他在十二點鐘內對於棉花就增加六先令的價值，因此生產一種比。例。的。贏。餘。棉。紗。。　他既然把他的勞働力賣給一個資本家，他所創造的全部價值或生產物都歸於資本家，這個資本家就是他的勞働力的一時的所有者。　所以資本家付出三先令，獲得一種六先令的價值，他付出的價值是六點鐘勞働的結晶，但是他所收得的價值是十二點鐘勞働的結晶。資本家每天以同樣的方法進行，每天付出的是三先令，收入的是六先令，這六個先令中有一半將再付工錢，其他一半將構成一種**贏餘價值**；而資本家對於這種價值並沒有付出相等的報酬。資本主義的生產，或工錢制度就是以這種資本和勞働間之交換爲基礎。這種交換必定時常再使工人成爲工人，資本家成爲資本家。

如果一切情形都不變動，贏餘價值率就要依靠那種再行生產勞働力的價值所需之工作日的部分和那種替資本家盡力的**贏餘時間**或**贏餘勞働**間的比例爲準則。所以贏餘價值率要依靠**工作日的延長超過工人再行生產他的勞働力價值或償還他的工錢之限度的比例**如何而定。

第九章　勞働的價值（Value of Labor）

我們現在必須回到「勞働的價值或價格」這個名詞。

上邊已經講明，實際上，勞働的價值就是勞働力的價值按着商品價值測定所必須維持的。但是工人從事勞働之後；既獲得他的工錢，並且知道他實行給與資本家的東西就是他的勞働，所以他以為他的勞働力的價值或價格必定似乎就是他的勞働自身的價格或價值。如果他的勞働力的價格是三先令——這是六點鐘的勞働獲得的——而他作工十二點鐘，這十二點鐘的勞働所獲雖為一種六先令的價值，但是他必以為三個先令就是十二點鐘勞働的價值或價格。這一點生出兩重的結果。

第一。嚴格講起來，勞働的價值和價格雖是無意義的名詞，但是勞働力的價值或價格卻取一種勞働自身的價格或價值之形態。

第二。工人每天的勞働雖只有一部分是有償的；其他一部分是沒有償的；同時這種沒有償的或贏餘的勞働雖恰恰構成贏餘價值或利潤所由成立的款項，但是好像集合的勞働是有償的勞働。

這種虛僞的形態就是工錢勞働和歷史上別種狀況的勞働區別之處。在工錢制度的基礎上，甚至於無償的勞働也似乎是有償的勞働。反之，奴隸一部分有償的勞働也似乎是無償的。一個奴隸因爲要作工，自然必須生活，而他的工作日的一部分就歸於償還他自己維持生活的價值。但是他和他的主人間既沒有定約的事件，兩方又沒有賣買的行爲，所以他的勞働似乎都是白丟了的。

再取田奴例，田奴在東歐最近仍然是存在的。田奴在他自己的田中或是在派給他的田中作工三天，以後的三天他就要在他的主人的田產中從事於強迫的無償的勞働。於是勞働有償的和無償的部分是明明白白的，在時間上空閒上都是分開的；我們的自由黨人對於使一個人無報酬而作工，這種背理的意見就充滿了道德上的忿怒。

但是從實際上，無論一個人是一星期中在他自己的田中作工三天，再在他的主人的田產中無報酬作工三天，或是在工廠中每天替他自己作工六點鐘，再替他的雇主作工六點鐘，結果都是相同的，不過在後一個例勞働有償的和無償的部分是彼此渾在一起，沒有分離的，全部交易的性質卻爲一種契約。和每星期終所得的報酬所掩飾罷了。這種無報酬的勞働在後一個例似乎是自願給與的，在前一個例似乎是強迫給與的。不同就在此點。

我用『勞働的價值』（Value of labor）這個名詞只把他當作一種通行的俗語，代替『勞働力的價值』（Value of laboring power）那個名詞。

第十章　利潤是因照商品價值出賣商品取得的（Profit is made by Selling a Commodity at its Value）

假定平均一點鐘的勞働等於六辨士的價值，或是平均十二點鐘的勞働等於六先令。又假定勞働的價值爲三先令，或爲六點鐘勞働的產物。

如果一種商品的原料，機器等：須廿四點鐘的平均勞働造出這種商品的價值必等於十二先令。　如果資本家所雇的工人加十二點鐘的勞働於那些生產工具上面，這十二點鐘一定構成另外六先令的價值。　所以這種生產物的全部價值必達於三十六點鐘實在的勞働，等於十八先令。　但是付給工人的勞働價值或工錢只有三先令，所以資本家對於工人所費的和表現於商品價值裏面的六點鐘贏餘勞働一定沒有支付一種相等的東西。　所以資本家照這種商品的價值賣十八先令，他一定獲得三先令的價值，他對於這種價值是沒有支付相等物的。　這三個先令就是他所中飽的贏餘價值或利潤。　所以資本家照商品眞正的價值出賣商品就獲得三先令的利潤，並不是因為他所賣的商品價格超過商品價值。

一種商品的價值是由該商品所含的勞働全量決定。　但是這種勞働量的一部分變成一種價值，受過工錢為相等的報酬；還有一部分變成一種價值,沒有受過相等報酬的。商品中所含的勞働有一部分是有償的勞働;還有一部分是**無償**的勞働。所以資本家照商品的**價值**—就是照加於商品之**勞働全量**的結晶—出售商品他必定獲得一種利潤。他所得的價不僅是他曾經費去的相等物,並且還有他未曾費去的東西—但是他自己雖然沒有費什麼,卻費去他的工人的勞働。商品的眞正生產費和資本家的生產費是不相同的。所以我重行聲明:經常的平均的利潤不是由於出賣商品超過他們的價値得來的,但是由於出賣商品照他們眞正的價値得來的。

第十一章　贏餘價值的各成分 (The Different Parts into which Surplus Value is Decomposed)

商品的**贏餘價值**或商品的全部價值中含有工人的**贏餘勞働**或**無償勞働**的那一部分,我稱爲**利潤**。這種利潤的全部不是爲傭雇工人的資本家所獨得的。地主獨占土地無論是用於農業，建築，鐵路，或其他生產的目的，用租金的名義取得這種贏餘價值的一部分。傭雇工人的資本家據有勞働工具得一種贏餘價值；或奪取若干無償的勞働；也是一樣的。這種事實足以使全租或半租勞働工具給傭雇工人的資本家之工具所有人——總之，放債的資本家以利息的名義求得贏餘價值的又一部分，故餘留給傭雇工人的資本家之部分就是所謂產業的或營業的利潤（Industrial or Commercial Profit）

這三種人用什麼定律分割贏餘價值的全量呢？我們不必討論這個題目。但是從上文看來，也可略論一下。

租金，利息，和產業的利潤不過是商品的贏餘價值或商品中所含的無償勞働各部分不同的名稱罷了，他們都是一樣的從贏餘價值或無償勞働產出來的。他們不是從土地或資本中出來的，但是土地和資本能使所有者對於傭雇工人的資本家從勞働者抽出來的贏餘價值中，各分得一分。勞働者贏餘勞働或無償勞働的結果（贏餘價值）或是全爲傭雇工人的資本家所得，或是資本家迫不得已用租金和利息的名義，將贏餘價值的許多部分分分給第三者——勞働者對於這個是不甚緊要的。假定傭雇工人的資本家只用自己的資本，並且自己就是地主，那麽；全部贏餘價值一定歸他獨得。

直接向勞働者抽取贏餘價值無論他自己終久能够保持多少部分的就是傭雇工人的資本家。所以工錢制度以及現今生產制度完全是以傭雇工人的資本家和工錢勞働者兩者的關係爲樞紐。

有好些人參預我們的討論，說明在種種特殊的狀況中，價格的上昇，影響於傭雇工人的資本家，地主，放債的資本家還有徵稅者，或極不一致，他們這種話是很對的，但是他們想要掩住事實，把傭雇工人的資本家和工人間這種根本的關係作爲一個次要的問題，那就錯了。

從上文所說的推論還有一種結果。

商品的價值中僅僅代表原料，機器的價值那一部分，就是僅僅代表所用的生產工具的價值，那一部分並沒有構成一種入款；那一部分不過是補償資本罷了。但是除掉這一部分不講，說構成入款的或花於工錢，利潤，租金，利息的商品價值中別一部分是由工錢的價值，租金的價值，和利潤的價值等等構成的，這便是錯的。我們先不論工錢，只討論產業的利潤，利息和租金。我們上文說過商品中所含的贏餘價值或商品價值中無償勞働實現的那一部分自己分成不同的分子，有三種不同的名稱。如果說商品的價值是由加上這三種成分獨立的價值相加組成的，這就和真理十分相反了。

如果一點鐘的勞働變成一種六辨士的價值，如果勞働者的工作日含有十二點鐘，如果這種時間裏面有一半是無償的勞働，那麼，這種贏餘價值對於商品將加上一種三先令的**贏餘價值**；這就是一種沒有報酬的價值。這種三先令的贏餘價值就是傭雇工人的資本家可以用任何種比例和地主及債主分配的總款項。　這三個先令的價值構成他們分配的價值之限度。　但是爲自己的利潤起見，對於商品的價值隨意定一個價值之人，不是傭雇工人的資本家，做地主的也隨意定一個一價值，這些擅定的價值相加上就構成全部價值。　通俗的見解對於贏餘價值之分解爲三部分和三種獨立的價值相加構成的價值沒有分別清楚於是把這種聚合的價值——租金利潤，和利息是由這種聚合的價值中取得的——變成一種擅定的量（An arbitrary magnitude）你們現在知道這種意見是謬誤的。

如果一個資本家所獲的利潤全量等於一百鎊，我們便稱這種數目——把這種數目作爲一種**絕對量**——爲**利潤的數目**。　但是我們如果計算這一百鎊對於所投的資本之比例，我們就稱這種相對量爲利。潤。率。（The rate of profit）。這種利潤率顯然可以用兩種方法表現出來。

假定這一百鎊爲投。於。工。錢。中的資本。　如果所造出的贏餘價値也是一百鎊——這個顯出勞働者工作日的一半是無償的勞働——如果我們用投在工錢中之資本的價値去測定這種利潤，那麽，我們就當說，利。潤。率。等於百分之一百，因爲投入的價値爲一百鎊而取得的價値爲二百鎊的緣故。

如果我們不僅顧及投。入。工。錢。中。的。資。本；並且還顧及所投的全。部。資。本；例如全部資本爲十，因爲一百鎊的利潤只爲所投的全。部。資。本。中的五分之一。

第一個表明利潤率的方法是指示有償勞働和無償勞働間眞正比例——就是勞。働。被。掠。奪。的眞正限度——的唯一方法。　另外一個表明利潤率的方法是普通所用的方法，並且的確也合於某幾種目的之用。　但是將資本家向工人抽取無償勞働所達的限度隱藏起來，一定是很有用處的。

我在以後的批評用利潤。這個名詞來代替資本家所抽取剩餘價值的全量，我絲毫不管這種價值所分之不同的部分。我用利潤率這個名詞是時常以投入工錢中之資本的價值來測定利潤。

第十二章　利潤工錢和價格的普通關係 (General Relation of Profits, Wages and Prices)

從一種商品的價值中除去那種補償所用之原料和其他生產工具的價值之價值，就是除去那種代表含在商品中的過去勞働之價值，所餘留的分子就是最後傭雇的工人所加的勞働量。　如果這個工人每天作工十二點鐘，如果這十二點鐘的平均勞働結晶成爲一種六先令的金額，這種另外的六先令價值就是他的勞働所創造唯一的價值。　這種由工人勞働時間決定的價值，就是工人和資本家兩方的分子或利益所從出之唯一財物，這就是分作工錢和利潤的唯一價值。他們兩方雖然可以按各種比例來分配這種價值，但是這個價值的自身無所改變，這是很顯明的。即使在一個工人之上更加入全部工作人口，把一千二百萬工作日去代替一個作工日，也沒有什麽改變。

資本家和工人既只要分配這種有限的價值，（就是這種爲工人全部勞働所測定的價值，）那麽，一方面分得愈多，他方面就分得愈少，反之一方面分得愈少，他方面就分得愈多。每逢有一個數目，這個數目的一部分減少，其他部分就要增加。如果工錢有變動，利潤就有相反的變動。如果工錢下降，利潤就上昇；如果錢工上昇，利潤就下降。如果工人按我們前面所假定的，取得三先令——等於他曾經創造之價值的半數——或者他的工作整日是一半有償的勞働一半是無償的勞働，利潤率就是百分之一百，因爲資本家必定也要取得三先令。如果工人只取得兩先令，或是在一整天中爲他自己作工只占三分之一的時間，資本家就得取四先令利潤率就是百分之二百。

如果工人得四先令，資本家便只得兩先令，利潤率就降百分之五十，但是這些變化不致影響於商品的價值。

所以工錢普遍的上昇一定產出利潤率普遍的下降，但是對於價值卻不發生影響。

但是商品的價值——這些價值終久必規正商品市場的價格——雖是由商品中一定的勞働全量獨自決定的，不是由這種勞働量分為有償勞働和無償勞働決定的，但是在十二點鐘所生產的一宗商品或大羣商品的價值決不是保持一種常態毫不變化的。

在一定的勞働時間所生產的，或是為一定的勞働量生產的商品數量全靠所雇的勞働**生產力**如何而決定，不是靠這種勞働生產力所達的**限度**或**時間**決定的。

例如一種紡紗的勞働生產力於一個十二點鐘的工作日中或可生產十二磅棉紗，他一種弱的勞働生產力於同一時間內或只生產兩磅棉紗。

如果在前一個例，十二點鐘的平均勞働變成六先令的價値，十二磅棉紗一定花費六先令，而在後一個例兩磅棉紗一定也花費六先令，所以前一個例一磅棉紗只花費六辨士，在後一個例一磅棉紗竟花費三先令。價格的差異是由所雇之勞働生產力的差異而發生的。大生產力一點鐘的勞働紡成一鎊棉紗，小生產力六點鐘的勞働才紡成一磅棉紗。一方面工錢雖是相對的高，利潤率雖低，但是一磅棉紗的價格只有六辨士；他方面工錢雖低，利潤率雖高，但是一磅棉紗的價格卻爲三先令。這是必然的事，因爲一磅棉紗的價格是由費在這磅紗裏面的**勞働全量**規定的，不是由這種**全量用比例分爲有償勞働和無償勞働**規定的，所以我從前所說的高價格的勞働或可生產廉價商品，低價格的勞働或可生產高價商品，這種事實便沒有什麽不可解了。現在說明這個定律就是一種商品的價値是由商品中所費的勞働量規定的，商品中所費的勞働量全靠所雇的勞働生產力如何而決定，所以勞働量因勞働生產力的變化而發生變化。

第十三章　企圖工錢增加或抵抗工錢下降的要例

(Main Cases of attempts at raising Wages or resisting their fall)

我們現在正式考究那些企圖增加工錢或抵抗減少工錢的要例。

一，我們已經知道，勞働力的價值，普通所謂勞働的價值，是由必需品的價值或生產必需品所需的勞働量而決定的。 例如在某國裏如果勞働者每天平均必需品的價值代表六點鐘的勞働，而六點鐘的勞働爲三先令，那麽，勞働者爲生產維持自己每天生活的相等物起見，每天必須作工六點鐘如果整個的工作日爲十二點鐘，資本家付給他三先令，便付了他的勞働的價值。 工作日的一半必爲無償勞働，而利潤率必等於百分之一百。 但是現在假定因生產力減少的結果，必須有更多的勞働去生產同量的農業生產物，因此每日平均必需品的價格就從三先令漲至四先令。 **勞働價值**在這個例中一定增加三分之一，或百分之三十三又三分之一。勞働者要依照他原來的生活程度，生產維持自己每日生活的相等物，在一個工作日內必須佔八點鐘。所以贏餘勞働一定由六點鐘減至四點鐘，利潤率一定由百分之一百，降至百分之五十。但是勞働者要求增加工錢，不過只要求獲得他的勞働曾經增加的價值；恰和出賣商品的人於商品的費用已經增加之後，就努力使別人支付商品曾經增加的價值一樣。如果工錢沒有上昇，或沒有十分上昇，藉以補償必需品曾經增加的價值，勞働的價格必低於勞働的價值，勞働者的生活程度，也必至於減低。

但是在反對方面也可以發生變動。同量的每日平均必需品因勞働生產力的增加，可以從三先令減至兩先令，或是在一個工作日中不必要六點鐘，只要四點鐘就能復行生產一種和每日必需品的價值之相等物。現在工人可以用兩先令買從前用三先令所買的必需品。勞働的價值一定下降，但是這種下降的價值一定能够獲得和從前同數量的商品。於是利潤必定從三先令漲至四先令，而利潤率一定從百分一百漲至百分之二百。勞働者絕對的生活程度雖仍然是一樣的，但是他的**相對的**工錢以及他的**相對的社會位置**——和資本家的社會位置相比較——便降低了。如果工人要抵抗相對的工錢的減少，他只須努力在他自己的增加的生產勞働力中獲得一些分子，並且努力維持他從前在社會等級上相對的位置。英國工廠主人當穀令取消之後，背棄那種反對穀令運動時代所給予之最嚴重的保證，大都把工錢減去百分之十。一般工人的抵抗初時沒有效果，但是因種種情形——我現在不能述說這些情形——的結果，後來又恢復所失去的百分之十的工錢。

二，必需品的**價值**以及**勞働的價值**雖然保持原狀，但是因爲金錢價值先發生變化他們的**金錢價格**也可以發生變化。

因爲豐富的礦產的發見等等生產二兩金子所費的勞働或不致多於從前生產一兩金子所費的勞働。於是金。子。的價。値。必定減少一半或百分之五十。其他一切商品的價。値。既須用兩倍他們從前的金。錢。價格表現出來，勞。働。的。價。値。也是一樣的。十二點鐘的勞働從前用六先令表現出來，現在必須用十二先令表現出來。工人的工錢如果不漲至六先令而仍爲三先令，他。的。勞。働。的。金。錢。價。格。一定只等於他的勞。働。價。値。之。半。數；他的生活程度一定大爲減低。如果他的工錢上昇，這種情形也多少要出現一點，不過不是和金子的價値下降作比例罷了。在這個例中，勞働生產力，供給和需要，或價値都沒有什麽變動。除這些價値的金錢名。目。以外什麽也沒有發生變化。如果說工人在這樣的例中不應當主張工錢作比例的上昇，這就是說他對於用名目的報酬——不是用物件的報酬——必須滿意。過去的歷史證明，無論何時，一發生這樣的金錢跌價之事，資本家就乘這種機會力圖欺騙工人。政治經濟學者的一大派確言貴金屬因產金地的新發見，銀礦的工作改良，和水銀的廉價供給，他的價值已經又下降了。這椿事足以說明歐洲大陸一般同時的增加工錢之企圖。

三，我們以前都假定工作日有一定的限制。但是工作日自身卻沒有恆久的限制。資本恆久的傾向就是極力擴張工作日達到他物質上可能的極端長度。因為贏餘勞働以及由這種勞働出來的利潤將以同一的程度同時並增。資本延長工作日的成功愈大，資本從他人的勞働量中取得的分子就愈多。當十七世紀甚至於十八世紀內三分之二的期間，十點鐘的工作日是全美國的標準工作日。當反對雅各濱戰爭(The Anti-jocobin War)之際——實際上這就是英國貴族反對英國工人團體的一種戰爭——資本慶祝自己的勝利，把工作日從十點鐘延長至十二點鐘，十四點鐘，十八點鐘。馬爾薩斯(Malthus)並不是一個感情極甚的人在一八一五年刊印的一本小册子裏面宣言，說這種事情如果繼續進行，國家的生命一定在他的要害處受一大打擊。普通應用新發明的機器約在一七六五年，在這一年的前數年，英國有一本小册子出現，名爲職業論（An Essay on Trade）。這位無名的著者是工界的公敵，他宣言延長工作日的限度是必要的。他所提議達這個目的的方法中有工。作。院。（Working houses）他說這種工作院應是一種「恐怖院。」他替這些「恐怖院」所定的工作日是多少長呢？他定了是十二點鐘，這就是一般資本家，政治經濟學者，和閣員於一八三二年所明白宣布的，他們不僅承認這是十二歲以下的小孩子現有的勞働時間，並且還承認這個當爲十二歲以下的小孩子必須的勞働時間。

工八出賣他的勞働力，並且在現制度之下他必須出賣他的勞働力，因此他就將這種力的消耗讓給資本家，不過這樣的讓與是在某種合理的限度以內罷了。他出賣他的勞働力是要維持這種力－除掉勞働力自然的損耗以外——不是要毀滅這種力。大家曉得工人按着勞働力每日或每星期的價值出賣他的勞働力，這種勞働力在一日或一星期內不許兩日或兩星期的損耗。現在舉一架值一千鎊的機器為例。如果這架機器能用十年，他就對於幫助生產之商品的價值每年加上一百鎊。如果這架機器能用五年，他就對於幫助生產之商品的價值每年加上二百鎊，或是他每年損耗的價值和他運用的速度成反比例。這一點就是工人和機器不同之處。機器的損耗和他的運用不恰是同一的比例。反之，人類的衰朽在比例上比從工作數目的增加上看見的還要更大些。

工人力圖將工作日減至從前合理的數量，他們不能強迫法律規定一種標準工作日的時候，力圖增加工錢——這種工錢的增加不僅依被掠奪的贏餘時間作比例，還有一種更大的比例——去防止過度的工作，他們這樣做，不過是對於他們自己和他們的種族履行一種義務罷了。他們不過對於資本那種專制的掠奪設些限制能了。人類的發達是在時間裏。一個人如果沒有由自己處置的自由時間，他的一生除睡眠飲食等物質上的間斷以外，都爲替資本家服務的勞働所吸收，那麽，他就還不如一個載重的畜生。他不過是一架生產別人財富的機器，他的身體弄得破敗不堪，而他的心思也弄得麻木魯鈍。但是近世產業全史都證明，如果資本沒有限制，就不管不顧的使工界全體陷於這種極端的衰敗。

如果工錢的增加不和被掠奪之更大的勞働量相等，資本家雖然延長工作日付出更多的工錢；但是仍然減低勞働的價値。因此使勞働力的衰朽更快。這一椿事也是可以用別種方法演出來的。你們中等階級的統計家告訴你們，說蘭卡協在工廠的工人的家庭的平均工錢已經增加了。他們卻忘記了，除家長的勞働之外，他的妻子和三四個小孩子現在都爲資本所犧牲，聚合的工錢之增加不能和資本從這個家庭所抽取的聚合贏餘勞働相爭。

卽令工作日有些特定的限制，例如須服從工廠法的各項實業的限制的就只要保持老標準的勞。働。價。値。；增加工錢一事也是必要的事。一個人因增加勞働強。度。（The intensity of labor）可以在一點鐘內所費的氣力或和他從前在兩點鐘內所費的氣力是一樣多的。在工廠條例下的各業中因爲機器的速度之加速和單獨一個人要管理的工作機器之加多，所以發生這個影響。如果勞働強度的增加，或在一點鐘內所費的勞働量與工作日限度的增加，保持公正的比例，還是工人佔勝利。如果超過這個公正比例的限制，他雖然一方面有所獲得，他方面就有所失，於是十點鐘勞働的害處比從前十二點鐘勞働的害處是一樣的。工人奮鬥使工錢增加，適與勞働強度的增加相抵，去制止資本這種傾向，他不過是抵抗他的勞働的跌價和他的種族的衰敗罷了。

四，你們都知道，資本主義的生產經過幾種有定的時期。生產經過了靜默，發揚，昌盛，過盛，危機，和停滯的種種情形。　商品的市場價格和利潤的市場率（Market rates）跟着這些狀態，有時低於他們的平均數，有時高於他們的平均數。　你們如果考究全部時期，便覺得市場價格的一種差異是由市場價格的別種差異補償的，考求這個時期的平均數，商品的市場價格是由商品的價值規定的。　但是當市場價格下降，危機和停滯的狀態中，工人卽或不致全然失業，他的工錢也一定是會減少的。　他卽或不受欺騙，就是對於這樣的市場價格下降，也必須和資本家爭論工錢的減少當在一種什麼比例的限度內。　在昌盛的狀態中，就有另外的利潤，如果工人不力爭增加工錢，他就依據一種實業時期的平均數，他甚至於得不到他的平均工錢；或他的勞働價值。　他的工錢在逆運的時期既然必須受影響，他如果到了昌盛的時期，不要求他自己補償，這就是愚蠢達於極點的。　大概說起來，一切商品的價值。只有因繼續變動的市場價格來相補償，才能夠實現，而繼續變動的市場價格是從供給和需要的繼續變化而發生的。在現制度的基礎上，勞働不過是一種商品，和別種商品相同罷了。所以勞働要獲得一種和他的價值相等的平均價格必須經過同樣的變化。如果在一方面把勞働看做一種商品，而在他方面又要把他放在那些規正商品價格的規律之外，這就是荒謬的。奴隸受永久的有定的養育；而工錢勞働者卻沒有這個。工錢勞働者如果要想補償一個時期中工錢的減少，他在別一個時期中必須努力運動工錢的增加。如果他承認資本家的意志爲一種永久的經濟律，他就一定要受奴隸所受的一切痛苦，而沒有獲得奴隸所獲的穩固位置。

五，在我以上所討論的各例中——他們已是一百個例中的九十九個例——你們已經看見增加工錢的戰爭只是跟着從前變遷的軌道出現的，並且是生產量，勞動生產力，勞動價值，金錢價值，被誅求的勞動限度或強度，以及市場價格的搖動中——這種市場價格的搖動是依需要和供給的變化爲轉移的——從前變遷之必然的產物，而與實業時期內各種相異的狀態是一致的；總說一句，這種增加工錢的戰爭就是勞動對抗資本從前的行動之一種反動。你們如果丟開這些情形去討論增加工錢的戰爭，你們如果只考究工錢的變動而忽視他們所自出的其他一切變動，那麽你們就是因爲要達到虛僞的結論，遂從一個虛僞的前提着手。

第十四章　資本和勞動的戰爭及這種戰爭的結果

(The struggle between Capital and Labor and its Results)

一，勞動既與商品相同，必須爲規定普通價格運動的定律所支配，所以工人在某時期抵抗工錢的減少，在某時期企圖工錢的增加，這兩點是和工錢制度不能分離的，工錢一般的增加發生通常利潤率的下降，但是對於商品的平均價格或商品的價值不發生什麼影響——這兩種事實已經表明了，現在的問題就是資本和勞働間不斷的戰爭到什麼地步，勞働才可以成功。

我可以用一種概括的話來答覆這個問題，勞働和其他一切商品一樣，他的市。場。價。格。畢竟要適合於他的價。值。；所以無論市價有什麼漲落，無論工人如何竭力爭鬥，平均算計起來，工人只能獲得他的勞働的價值，他的勞働的價值便變成他的勞働力的價值，這種勞働力的價值是由維持和復行生產這種力所需之必需品的價值決定的，而必需品的價值又是由生產必需品所需的勞働量規定的。

但是有些特點可以區別勞働力的價值或勞働的價值與其他一切商品的價值的不同。勞働力的價值是由兩種元素構成的——一種是物質的元素，其他一種是歷史的或社會的元素。勞働力最。終。的。限。度。是由物。質。的。元素決定的，這就是說，工界要維持並且生殖他自己，要保持他的物質上的生存，必須取得那些維持生活和發育絕對不可少的必需品。所以那些不可少的必需品之價值就構成勞働價值最終的限度。在他方面，工作日的長度也是由最終的，不過很有伸縮的界限限制的。工作日最終的限度是由工人的體力限定。如果他的生命力每日的消耗超過某種限度，他的體力不能够一天一天重新運用下去。但是我剛才說過，這種限度是很有伸縮的。不康健的短命的後代如果生殖極速也，可與精壯的長命的後代一樣可以供給勞働的市場。

除物質的元素以外，各國的勞働價值是由一種相傳的生活程度 (Traditional Standard of life) 決定的，這種生活程度不單是物質的生活，但是一種滿足在人民養育的社會狀況中發生出來的某幾種需要之生活。英格蘭人的生活程度或可降至愛爾蘭人的生活程度；德國農民的生活程度或可降至利活尼亞 (Livonian) 農民的生活程度。你們可以從蜀頓 (Thornton）的人口過剩論（Over-population）裏面考究歷史的成訓和社會的習慣在生活程度這一方面所佔的重要部分，蜀氏在他的論中指明英格蘭各農業區域中的平均工錢，現在仍然是依照這些區域從田奴狀況中翻身出來的情形，是否順利而各有多少差異。

這種歷史的或社會的元素加入勞働的價值裏面，或是擴張，或是縮小，或是完全消滅，所以以後只剩下物質的限制。當反對雅各濱戰爭（Anti-Jacobin War）之際，像那位不可救藥的坐耗賦稅者，尸位素餐者老喬治洛斯（George Rose）所常說的一樣，在我們前章說得如此好的英國忠厚農民，因要保持我們神聖宗教的安樂，防止法國非信徒的侵入，遂把農業勞働者的工錢減低，甚至少於那種僅僅物質上的最小限度，但是因物質上的保種所必需之其餘的部分就爲救貧法（Poor Laws）所補償。這就是使工錢勞働者變成奴隸，使涉士比耳的驕傲自由民變成貧民的一個好方法。

你們如果比較各國標準的工錢或勞働的價值，並且比較一國中各種相異的歷史時期內標準的工錢或勞働的價值，你們就發見勞働價值的自身是一種變化的量，不是一種有定的量；即使其他一切商品的價值保持常度，不生變化，勞働的價值還是變遷的。

這種比較一定會證明，不僅利潤的市。場。率。發生變動，就是利潤的平。均。率也發生變動。

但是講到利。潤。一層，卻沒有一種規律決定他們的最。小。限。度。我們不能夠說，利潤減少最終的限度是什麼。我們爲什麼不能夠規定那種限度呢？因爲我們雖能規定工錢的最。小。限。度；我們卻不能夠規定工錢的最。大。限。度。我們只能夠說，工作日的限度既是有定的，利潤的最。大。限。度。和工錢物。質。的。最。小。限。度是相等的；工錢既是有定的，利。潤。的。最。大。限。度。和那種與勞働者體力相容之工作日的延長是相等的。所以利潤的最大限度是由工錢之物質的最小限度和工作日之物質的最大限度限制的。

在這種最。大。限。度。的。利。潤。率。中兩個限度間，可以有許多的差異，這是很顯明的。

規定利潤率實際上的限度，只能取決於資本和勞働間繼續不斷的戰爭，資本家恆久的傾向是把工錢減少至他的物質的最小限度，把工作日延長至他的物質的最大限度，同時工人在相對方面時常盡力前進，和資本家相抗。

這樁事就變成戰爭者兩方面勢力的一個問題。

二，講到英國工。作。日。的。限。制。一層，和其他各國一樣，除立。法。的。干。涉。以外工作日的限制是從沒有規定的。

如果沒有工人繼續從外面壓迫，這種干涉也永不會實現的。

但是這種結果決不是工人和資本家間私人的妥協所能够獲得的。

這種必要的普。通。政。治。行。動。供給一種證據，就是資本在他的純粹經濟的行動上，佔一種更有力的位置。

講到勞。働。價。值。的。限。制。一層，他的實際上的決定常依供給和需要爲轉移，就是資本方面對於勞働的需要，和工人對於勞働的供給。在殖民地國家裏面，供給和需要律利於工人。所以美國有相對的高工錢。資本在此處可以竭全力進行。工錢勞働者繼續變爲獨立的，自給的農民勞働市場就繼續空虛，資本也不能加以制止。美洲大部分的人民對於工錢勞働者的位置僅爲一種試驗的地位，在長或短的時期內，他們一定會脫離這種地位的。母邦的英政府因爲要改正殖民地這種情形，曾在長久時期內採納所謂近世殖民學說，這種學說就是因爲要防止工錢勞働者變爲獨立的農民，過於迅速，對於殖民地造成一種人爲的高價格。

現在我們來考究資本支配全部生產進行的老文明國。就舉英國一八四九年至一八五九年的農業中工錢增加爲例。工錢增加的結果是什麼？一般農民不能够增加小麥的價値，甚至於不能够增加小麥的市場價格，但是我們的朋友威斯頓一定會勸告他們增加的。反之，他們只有任聽市場價格的下降。但是在這十一年之中，他們採用各種機器，採用各種更合於科學的方法，把一部分耕作地變成牧場，增加農場的面積，因此增加生產的規模，這些方法和別種方法減少勞働的需要，增加勞働的生產力而農業人民遂又相等的溢出所需的名額了。這就是各舊國中資本對於工錢增加所起的反動——無論是快或慢——之普通方法。李嘉圖曾說過，機器是時常和勞働競爭的，當勞働的價格已經達於某種高度，機器才能够被採用，但是應用機器不過是增加勞働生產力的許多方法中之一種罷了。反之，這種使工人相對的過多成爲通常現象的發達，使技能的勞働變成平常的東西，因此使這種勞働跌價。

同一的定律更產出別的方法。因勞働生產力的發達，資本的積集將愈加迅速，雖有相對的高工錢率仍不致阻礙他的速度。因此我們可以推測——和亞丹斯密曾經推測的一樣，當亞氏時代，近世實業仍在幼稚時期——

資本積集的加速一定因勞働需要的增加而有利於工人。從同一的觀察點看來，現代許多著作家對於最近二十年中英國資本的增加速於人口的增加，而工錢卻沒有較前更高一事，已經十分詫異。但是因資本積集的進行，在資本的組織中同時又發生一種遞嬗的變化。那一部分由固定資本，機器，原料，和各種的生產工具而成之聚合的資本，與其他一部分資本—這一部分資本是充作工錢或購置勞働之用的—相比較，就逐漸增加了。這種定律已經由巴頓（Barton）李嘉圖，西斯蒙地（Sismondi）約恩斯教授（Professor R. Gones）拉姆色（Ramsey）教授，克標利慈（Cherbulliez）和其他學者多少精密的說明出來了。

如果資本這兩種元素的比例原來是一對一，在實業的進行中，則這種比例將成爲五對一等數。如果全部資本爲六百，內中三百充工具和原料等等之用，其餘三百充工錢之用，造成六百工人—不是三百工人—的需要，就只須把這種全部資本加上一倍。　如果資本爲六百，內中有五百充機器和原料等等之用，只有一百充工錢之用，那麼，造成一種六百工人—不是三百工人—的需要，必須把資本從六百增至三千六百。　所以在實業的進步上，勞働的需要不能够與資本的積集並駕齊驅。　勞働的需要仍然是會增加的，但是和資本的增加相比較，常成爲時常減少的比例。

以上所說幾點，足以表明近世實業的發達，必定逐漸有利於資本家而有害於工人，到了後來，資本主義的生產之普通傾向不是提高平均的工錢標準，但是降低平均的工錢標準，或是多少促起勞働的價值達於他的最小的限度。　這樣的情形既是這種制度中事業的普通傾向，那麼，工界應當捨棄他們對於資本侵掠的抵抗和拋開他們乘機取利的企圖使他們有一時的改良麼？　他們如果這樣做去，他們一定淪爲不可拯救的窮困的團體。

我已經表明過，他們對於工錢標準的戰爭是全部工錢制度中不可分離的附屬物，他們努力增加工錢一百回中就有九十九回是爲維持已定的勞働價值，他們必須與資本家爭論價格一事，是他們必須把自己當作商品出賣的狀況中所固有的。他們和資本日常爭鬥，如果退縮讓步，他們就一定喪失資格，不配發起更大的運動。

同時除工錢制度中所含的普通勞役不計外，工界對於這些日常戰爭終極的動作，不應當自誇。他們不要忘記，他們是對於結果，不是對於結果的原因奮鬥。他們是防止一種往下的運動，不是變更這種運動的方向；他們是治病象，不是治病根。所以他們的心思才力不應當專用在這些不可免的小戰爭上，這些小戰爭是連綿不絕的從資本不斷的侵掠，或市場的變動，發生出來的。他們應當懂得，除掉現制度加於他們的一切痛苦外，同時這種制度又產生一種經濟的社會改造所必需之種種物質的情形和社會的形態。他們應當在他們的旗幟上刻上「劃除工錢制度」的革命的格言，去代替「一。天。公。道。的。工。作。得。一。天。公。道。的。工。錢。」那種保守的格言？

我因爲要對於這個題目的內容略予以正當的說明，所以解釋不得不長而且——我恐怕是——令人討厭，現在解釋完了，我將提出以下決議作爲結束。

第一，工錢率一般的上昇一定發生一般利潤率的下降之事，但是泛言之，這椿事對於商品的價格不致發生影響。

第二，資本主義的生產之一般的傾向不是提高平均的工錢標準，但是減低的平均的工錢標準。

第三，用工聯爲抵制資本侵掠的中心點，很有效力。他們的失敗半由於不善運用他們的勢力。他們的失敗大概就在限於抵制現制度所生的效果之小戰爭，而不同時努去變更這種制度，運用他們有組織的勢力作爲工界最終的解放，剷除現在的工錢制度。

Value, Price and Profit

The Commercial Press, Limited

中華民國十一年十月初版
中華民國十三年八月再版

（世界叢書）價值價格及利潤一册
（每册定價大洋叁角伍分）
（外埠酌加郵費匯費）

著者　Karl Marx
譯者　李季
校者　陶孟和
發行者　商務印書館
印刷所　商務印書館　上海北河南路北首寶山路
總發行所　商務印書館　上海棋盤街中市
分售處　商務印書館　北京天津保定奉天吉林龍江　濟南太原開封鄭州西安南京　杭州蘭谿安慶蕪湖南昌漢口　長沙常德衡州成都重慶瀘縣　福州廣州潮州香港梧州雲南　貴陽　張家口　新嘉坡

六〇四一沈